私の英語放浪人生

成瀬由紀雄 著

Art Days

はじめに

英語で暮らしをたてはじめてから四十年近くが経ちました。そのあいだに商社マン、高校英語教師、英文編集者、翻訳者、翻訳会社経営などさまざまな英語の仕事をやってきました。この十数年は翻訳の仕事をしながら、サイマル・アカデミーのプロ翻訳者養成講座の講師をしています。昨年からは友人とともに一般の人々のための英語教育ビジネスをはじめました。

このように英語とともに歩んできた私の人生ですが、高校時代までは自分が英語とともに生きていくなどとは夢にも思いませんでした。高校時代の私にとって英語は最も苦手な教科でした。授業内容は何もわからず、テストで四十点以上をとったことがありません。まさに「英語落ちこぼれ」です。生まれ育ちは大阪の下町で、「ガイジン」は大学に入るまで見たこともなく、留学など考えたこともありませんでした。そんな私が、曲がりなりにも英語でずっと生計をたててきているのです。われながら不思議です。

この本では、大学のときの英語との出会いから現在に至るまでの私の英語放浪人生を皆さんにご紹介します。同時に、その放浪人生のなかで私がつくりだしてきた日本人のための英語と英語学習法についてもご紹介をします。

この本を手にとられた多くの方が英語をもっとうまくなりたいと強く願っておられることでしょう。また学校での英語の成績が悪かったことや留学をしたことがないといった理由から、自分は英語の仕事には向いていないのではないかと不安に思われている方も多いのではないでしょうか。

学校の英語の成績が悪くとも、留学をしていなくとも、特別な才能がなくとも、英語はうまくなります。適切な方法で適切な努力を重ねれば、誰もが英語の力を着実に伸ばすことができるのです。どうかこの本を読んでください。そうすればそのことがわかるはずです。

迷走に迷走を重ねた人生でしたが、いつも英語とともに歩んできたことに、私は満足です。皆さんもどうか英語の勉強を続けてください。それは何歳になっても自分を成長させてくれます。そして人生を豊かにしてくれます。このことが、この本を通じて皆さんにお伝えしたい私からの最大のメッセージです。

成瀬由紀雄

私の英語放浪人生　目次

私の英語放浪人生

プロローグ

「ちょっと、はやいんじゃないか?」

私がこの本の出版計画について話したとき、「相棒」の小笠原が発した最初のコメントである。

二人で立ち上げた新会社ON&COMPAYのグローバル英語教育ビジネスが軌道に乗り、ある程度の実績ができたからのほうが、こうした本には説得力がある、というのが小笠原の意見だった。四十年以上にわたってビジネスの最前線で戦ってきた彼らしい、現実的かつ説得力のある意見である。

「それはそうなんだが、おれの場合、『軌道に乗る』とか『実績ができる』といった言葉とは無縁の人生だからな。その無縁の言葉にひっかかっていると、一生こうしたたぐいの本は出せんかもしれん」

小笠原は苦笑した。彼は私と十五歳のときから五十年近いつきあいだ。私の夢想的性格や波乱万丈の迷走人生のことを誰よりもよく知っている。

「そうだなあ。おまえの場合には、『軌道に乗ってから』などといっとったら、本なんか出さんうちに死んでしまうかもわからんわなあ」

小笠原は現実的かつ冷静沈着な思考の持ち主であるが、同時に、人の心に寄り添うことのできる柔らかな感性の持ち主でもある。これは彼が十五歳のときから変わらない。

「そういうこっちゃ。それに、おれみたいに大阪の下町の生まれ育ちで、アメリカやイギリスに一度もいったこともない人間で、そのうえ高校時代の英語の落ちこぼれでも、英語や翻訳のプロとしてずっと仕事ができていることを、多くの日本人に知らせることが大事やと思うんや」

二人とも東京暮らしが人生の大半を占めているものの、もともとは大阪の下町で生まれ育った生粋の浪速っ子。二人のあいだの会話が大阪弁化するということは、その議論の方向性がほぼ決まりかけていることのサインである。そして小笠原が例によって軽口を叩きはじめる。

「そうやなあ。おまえでも英語のプロになれんのやったら、どんな人間でも英語はマスターできる、ということやなあ」

彼は高校時代に私がどれほど英語ができなかったかをよく知っている。自慢ではないが、私は高校時代の英語のテストで四〇点以上をとったことがない。

「それからもうひとつ。いまの間違った英語教育にも一石を投じたい。いまの世の中、子供の頃から英語の勉強をさせないと落ちこぼれるという脅し文句を使って商売をしている英語屋がたくさんおる。

そんなことをせんでも、母語である日本語の力さえしっかりしていれば、グローバルに活躍するための英語はいつからでも習得できる、たとえ二十歳や三十歳からはじめても大丈夫、ということを世の中に知らしめたいんや」

私の話を聞き終わった小笠原は、少し考えて、いった。

「まっ、ええか。うちの会社のプロモーションツールのひとつとして、その本、つくってみるか」

第1章　英語との出会い

大学生活、スタートから大転倒！

東京は「異文化」、言葉が通じない！

一九七四（昭和四十九）年四月の東京は、私にとってはじめての「異文化」だった。それまで大阪から一歩も出たことのない私が、突然、箱根の山を越えたのである。こんなはずではなかった。そもそも今頃は京都の大学に入って溌剌たる青春時代をスタートしているはずだったのだ。ところが京都の大学は意地悪で私をとうとう受け入れてくれなかった。仕方がないので、ただひとつ私を受け入れてくれた東京の早稲田大学にお世話になることにした。一生を大阪で暮らそうと思っていた私にとって、想定外の事態である。

「異文化」東京の生活は最低だった。なにしろ大好物のうどんが食べられない。大阪の黄金色に輝くうどんのツユとは違って（当時の）東京うどんのツユは真っ黒なのである。とても人間の食べるものとは思えない。それに、道ゆく人の表情がとても険しい。大阪人のノーテンキな表情とは大違いだ。

一般的なイメージでは大阪人はみんながみんな「明るくておもろいヤツ」と思われている

ようだが、それは違う。大阪人のなかにも「暗くておもろないヤツ」はたしかに存在する。私がその一人である。

さらに私は極端に人見知りで内向的で小心者でもある。したがって外部環境の変化にとても弱い。そんな私が突如として東京に居を移したのである。それもはじめての一人暮らしだ。確固たる目標があって東京に来たわけでもない。これでうまくいくはずがないではないか。

東京生活での最低中の最低の事態は「言葉」が通じないことだった。時代はまだ一九八〇年の爆発的「漫才ブーム」の前である。いまのようにテレビから大阪弁があふれ聞こえてくることはなく、東京人の耳に大阪弁の響きはまだまだなじみが薄かった。私が何かいうごとに彼らの表情がさっと変わる。ヘンなやつだと思っているに違いない。小心者の私は勝手にそう思い込んだ。すると言葉を口に出すことが怖くなってきた。そしていつしか自分から他人に話しかけることができなくなった。

それでも私は大阪弁から「標準語」へと自分の言葉を切り替えようとはしなかった。そんなことをすると自分自身をなくしてしまうと、かたくなに信じていた。じつはそれが単なる心理的「逃避」に過ぎないということがわかったのは、英語という本物の「異文化」の言葉と真正面から向き合いはじめてからのことである。

「半ひきこもり」生活

そのうちに大学にいかなくなった。専攻に選んだ経済に特に興味はなかった。予備校での試験の偏差値と就職のしやすさで決めただけだ。だから大学の講義を受ける意味が見つからない。そして高校までと違って授業に出なくても誰からも注意されない。さらには小心者で自意識過剰の私には友人もできない。

ということで必然的に下宿の四畳半にずっといることになった。外に出るのは古本屋と定食屋にいくときだけである。「半ひきこもり」生活といったところだ。

現在であればこうしたライフスタイルの必須アイテムとしてネットやゲームがあるのだろうが、当時はそんなものはない。小さい頃からの読書好きの私の対話の相手といえば、それは本のみであった。

毎日朝遅く起きて古書街にいくと、しらみつぶしに店に入って立ち読みをする。読む対象はマンガもあれば文学もあれば一般書もある。とにかく日が暮れるまで立ったままで本を読む。そして数冊の本を買って下宿に戻り、また本を読む。数週間、誰とも口を聞かないこともあった。

このような生活が心身に対して健全なはずがないことぐらいは自分でもわかっていた。なんとかしなければとは思いつつも、自分自身ではなんともできない。われながらまったくじつに情けない話である。

恥ずかしいプライベートの話をわざわざ書いているのは、私という人間がいかに英語（と社会生活）に向いていないのかを皆さんに知ってもらいたいからである。英語とは無縁の世界に育ち、学校英語の落ちこぼれで、内向的で小心者で自意識過剰の「コミュ障」が、その後の数十年にもわたって、曲がりなりにも「英語のプロ」としてメシを食べてきているのである。これこそが、英語は誰でもいつからでもなんとかなることのひとつの証明ではないだろうか。私のように極端に英語に不向き、コミュニケーションに不向き、社会に不向きの人間でも、なんとかなったのだ。あなたに英語がなんとかならないはずがないと、すべての人に申し上げたい。

電話の向こうから、かわいい女性の声が……

「何もすることがないのなら、おれが所属しているサークルの東京支部にでもいってみるか」

もんもんとした東京生活が一年近くも続いた後のことである。高校時代の一人の友人とのやりとりのなかで、友人が私にいったのがこの言葉だった。その友人こそ、ON&COMPAY代表である小笠原恒夫その人である。

小笠原の説明によると、団体の名は国際学生協会。英語で「ISA」という。国際交流のための学生団体であり、日本各地に支部があって東京にも大学の枠を超えた支部があるという。説明をきいても、なんだかよくわからない。そもそも「国際交流」というのはなんのことか。いったい何を交流するというのか。

「なんでもええから、とにかくこの電話番号に電話してみろ。どうせダメモトや。損はないで」

損はない――たしかにそのとおり。なにしろ私は「半ひきこもり」なのである。さっそく電話をした。すると電話の向こうから響いてきたのは、なんと女性の声。それも、鈴を転すようなかわいらしさである。彼女は言った。

「ええ、二年生になってからでも入会は大丈夫ですよ。もしよろしければ、いちど事務所にいらっしゃってみませんか?」

「はい、いきます!」

こうして私の一年近くにもわたる「半ひきこもり」生活は、ここに終止符が打たれたのである。

そこには、「トモダチ」がいた

国際学生協会

小笠原に紹介された学生団体ＩＳＡのおもな活動は、ふたつ。ひとつは香港・フィリピンの学生とのエクスチェンジ旅行の企画運営、もうひとつはアジア諸国の学生を日本に招いての「アジア学生会議」の開催である。活動はすべて学生たちだけでおこなわれ、活動資金も学生が企業まわりをして寄付を集める。仙台から九州まで七つの支部があり、エクスチェンジ旅行や「アジア学生会議」のときには一体化して活動していた。

電話の数日後、さっそく四谷の事務所に出向いた。英語学校の倉庫を改装した小さな部屋だ。電話の女性が迎えてくれた。私よりも一学年上の三年生だという。彼女は例の鈴を転がすような声で私に話しかけてくる。私はうっとりとしながら彼女の声を聞いている。

「じつは、もうすぐ香港から学生がやってくるんですが、東京案内を受け持つ学生の数が足りないんです。もしよければアテンドを引き受けてくれませんか？」

アテンド？　聞いたことのない日本語である。なんだ、それは？

「それは、僕でも、できることなんでしょうか」

「ええ、大丈夫です」

「でも、英語、あまり自信がないんですけど」

あまり自信がないも何もない。英語なんぞ、まったくできないのだ。

「大丈夫ですよ。ようは、気持ちですから。気持ちが通じれば大丈夫です」

そういうと、彼女はにっこりと笑った。私は、やる気になった。

人生を決めた一日

四月のうららかな日の早朝、私は指定された集合場所に到着した。日本人以外の人間と身近に接するのは、小学生のときに近所を徘徊していたモルモン教のお兄さんたちに極彩色のパンフレットをもらって以来のことである。

グループは二十人ぐらいで、香港人学生と日本人学生がちょうど半分ずつぐらいだった。私は、私が「アテンド」を担当する男子学生を紹介された。名前はデイビッド・チャン。私と同じ大学二年生で、土木工学を専攻している、と、もらった日本語の資料には書いてあった。

最初に紹介をされたとき、にこやかに笑いかけて握手を求めてきた彼の表情や動きを、私はいまでも忘れることはできない。中国系香港人だから、彼の顔つきや体型は、私と何も変わりはしない。けれども、何かが決定的に違っている。これが「ガイジン」なのかと、私はそのとき思った。

その日の見学コースは、国会議事堂から東京タワー、そして浅草見物という実にわかりやすいメニューだった。国会議事堂の前につくと、私は、はじめてミスター・チャンのほうを向いて、議事堂を指差してとりあえず暗記してきたフレーズを口にした――。

「ジスイズ、ザ、ジャパニーズダイエット」

すると、彼は私に向かって何かを話しかけてきた。

「☆♣♨☆※◀◁◆☃♤♣▶♠☂♣△」

それは、おそらくは英語であった。しかし、まったく、わからない。その瞬間、すべての思考が停止し、突然、目の前が真っ白になった。

それから私たちは、東京タワーと浅草を見学した。そのあいだにもデイビッドは、何かを見るたびに私に熱心に話しかけてきた。

「♨※☆♣♣▶☃◁♠◀？」「☂・△◀☆☃☆♣※◀」「☆※♠◀▶♣※♠☃※♨♠☆♣」

そのすべてが、私にはまったくわからなかった。本当に、本当に、ただ一言も理解できないのだ。

　それから夕方までの数時間のあいだ、なにひとつ理解できない彼の言葉に対して、ひきつったような顔をしながら、私はただうんうんと頷くだけだった。「イエス」という語を声に出すことさえ、できなかったのである。

　ところがデイビッドは、そんな私の存在を、それでもとても喜んでくれたのだ。そして何かが目につくと、ただ顔をひきつらせながら頷くだけの私に向かって、あきらめずに一生懸命に話しかけてくるのだ。

　夕方になって別れるとき、デイビッドは私の手を握ると何かをいった。

「♣▶♣※♠♨◁☂▶◁♣▶※☃」

　おそらく別れの挨拶なのだろう。やはり、まったくわからない。手を握られたまま、私は最後にもう一度、デイビッドに向かって大きくうんうんと頷いた。するとデイビッドは私の手をもう一度強く握り締め、そしてにっこりと笑った。それは「ガイジン」の笑顔ではなかった。それは間違いなく「トモダチ」の笑顔だった。

　そのとき私は、これから英語を勉強するんだと思った。

英語学習、スタート

英語の勉強をすると決めたのはいいが、何をどうすればよいのかがわからない。とりあえず英会話学校に少しだけ通ってみたが、これは完全な選択ミスだった。そもそも、私のような「コミュ障」が、ガイジン先生とそのまわりをかこむ英語好きの日本人たちの輪の中に入り込めるはずがない。

それに、英会話学校に蔓延する「まがいもの」のにおいには、どうしてもなじめなかった。英語ネイティブに少しでも近づこうとして一生懸命にアメリカ人やイギリス人のモノマネをしている日本人たちをみていると、あんなふうにはできないし、なりたくもないと思った。

ラジオ英会話や英会話教材を利用しての自学自習をするという方法も考えたが、なんといっても学習内容が幼稚すぎる。「ご兄弟は何人ですか?」「二人です」「私はお寿司が好きです。あなたは何がお好きですか?」「カレーです」「四月の日本は桜がとてもきれいです」などといったことを英語ですらすらといえるようになることには、何の魅力も感じなかった。

では、どうするのか。いろいろと考えたすえに出した自分なりの答えは、やはり「読む」ことだった。といっても、たんに「目で読む」のではない。「耳と手で読む」のだ。つまり、英語のオーディオブックを聞きながら、それを書き写すことで、英語の発音を学び、英語の構文や語彙を学ぼうというのである。

さっそく、いつものように古書街にいって、英語教材を買い込んだ。ひとつは総合英会話教材のＩＣＥ、もうひとつはアルクから出ている『イングリッシュ・ジャーナル』という英語教育雑誌のバックナンバーである。代金は総額で二万円少しだったと記憶している。それだけの資金で英会話教材に加えて『イングリッシュ・ジャーナル』のバックナンバーが十数冊分、手に入った。ソニーから出ていた英語学習向けのカセットテープレコーダーも購入した。ボタンを押すとテープをしゅるしゅると巻き戻してくれて、その部分を何度でも聞きなおせるというスグレものである。たしか三万円ほどもしたように思う。貧乏学生としてはかなり思い切った投資だった。

「英語漬け」の日々

準備は整った。学習の開始である。

英会話教材については、付属のカセットテープを聞きながら、英会話のフレーズのモノマネを何度もすることにした。英会話学校と違ってまわりに人がいないので、自意識過剰の私でもストレスなくモノマネができた。

モノマネはつまらない作業だが、何かを習得するにはこうした反復トレーニングが不可欠であることは、高校時代の部活動での柔道体験からよくわかっていた。柔道では、ひとつの技を身につけるために、何千回、何万回という反復トレーニングをおこなう。英語だって同じことだろう。とにかく反復する以外に何かを習得する方法はない。やるしかないのだ。

柔道が教えてくれたことは、もうひとつあった。技を身につけるために反復トレーニングをするのはいいのだが、それは必ず「正しいかたち」での反復トレーニングでなければならないということである。もしも「間違ったかたち」で反復トレーニングをすると、かえって悪い癖がついてしまい、逆効果になってしまうのだ。せっかくの努力がすべて水の泡となる。したがって英語の学習でも、まずは「正しいかたち」を身につけることが先決である。それなくして反復トレーニングの意味はないと考えた。

つぎに、どの領域を重点的にトレーニングするかを考えた。当時の私の英語力の最大の欠陥が英語の音声能力の低さにあることはデイビッドとの体験から明らかだった。ゆえに、何よりもまず「英語の音」をマスターしなければならない。そのために私が選んだのが、「ディクテーション」つまり英語の音を精密に聞き取って書き取るトレーニングだった。

具体的には、『イングリッシュ・ジャーナル』のカセットテープに吹き込まれている英語のインタビューや会話スキットを何度も聞いて、それを紙に書き取っていき、どうしても聞こえないところについては、雑誌に掲載されているテキストと突き合わせて確認し、そのうえで聞き取れなかった理由を分析して解明していく、という作業である。

いまはどうか知らないが、当時の『イングリッシュ・ジャーナル』のインタビュー記事の知的水準は非常に高かった。著名な学者やビジネスマンが本物のジャーナリストからの高度な質問に答えていた。本物の英語での知的対話がそこにあった。私はそれをあますところなく理解したいと思った。

それからの約一年、私はまた「半ひきこもり」生活へと戻った。ただし今回は、その中身が違う。四畳半の下宿で、私は朝から晩までずっとカセットテープを聞いて英会話のモノマネをし、英語インタビュー記事のディクテーションをおこなった。あまりにも数多くカセットテープを巻き戻すので、そのうちにカセットテープが伸びてしまって音声スピードが遅くなるという出来事も起きた。寝る以外の時間のほとんどを英語学習に費やしていた。まさに英語漬けの日々だった。

カタカナ英語発音の「呪縛」

そうした英語音声トレーニングで私がいまでも悔しい気持ちで思い出すのは、カタカナ英語発音の「呪縛」である。

すでに書いたように、私はデイビッドと話すまで一度も「ガイジン」と話したことがなかった。また、中学高校で受けた英語授業は完全な昔ながらの文法訳読方式であった。そのため英語の授業で英語の音声についてきっちりと教えてもらった記憶がない。そもそも英語の音声テストが当時はなかった。すべてが紙のうえのテストである。発音に関する出題は例外的なスペルの語彙を見つけるといったものであり、英語力を測るというよりも、三択クイズに近かった。

学校の英語の授業では、先生に指名されると立ち上がって英語テキストをみんなの前で声を出して読まなければならなかった（いまでも同じなのだろうか）。そのときに読めないと困るので小心者の私は英語のテキストにすべてカタカナでルビを振っておいた。それでも先生は特に何もいわなかった。そもそも先生の英語発音自体が生粋のカタカナ発音である。発音を指導しようにもできるはずがない。そんな時代だったのである。

このような英語教育を受けてきたことで、二十歳になった私の脳内にはカタカナ英語の音が深く深く刻み込まれていた。

その結果、英語テキストを見ると、それがただちに脳内でカタカナ発音へと変換されて処理された。そして何かを英語で話そうとすると、脳内でつくられた英文がカタカナ発音へとただちに変換されて口から出ていくのである。

こうした言語処理は無意識下で行われるために自分自身ではコントロールができない。自分がどんなにカタカナ発音をやめようと思っていても、少しでも気を緩めると勝手にカタカナ発音へと戻っていくのだ。当時は本気で英語音声の完全習得に取り組んでいただけに、このことは本当に悔しくて切ないことだった。

このカタカナ英語発音の「呪縛」からいかに抜け出すかは私にとっての長年の学習課題となった。いまでは時々わざとカタカナ英語発音を使ったりして面白がってはいるが、ここまでくるには本当に長い時間がかかった。

グローバル英語発音とカタカナ英語発音

現在の私は、日本人が学ぶべき英語としてネイティブ英語ではなくグローバル英語を推進する立場にある。したがって発音についても、ネイティブ英語発音ではなく日本人としてのグローバル英語発音の習得を提唱している。その意味では、英語音声の完全習得を目指した二十歳の頃の自分とは、日本人の英語発音に対する考え方がかなり異なっている。

ただその一方で、日本人としてのグローバル英語発音が決して従来のカタカナ発音と同一のものではないということを、私はここで強く主張しておきたい。

世の中にはネイティブ英語発音を信奉する人々がいる一方で、「カタカナ英語発音でも世界で十分に通用する」といった主張をする人々もいる。そのため一部の英語学習者が、グローバル英語発音とはカタカナ英語発音のことだと勘違いする可能性もある。そのことだけはどうしても避けたいのだ。

カタカナ英語発音とグローバル英語発音とでは、その「認知での本質」が違っている。その本質的な「認知構造の本質の違い」について、ここから説明したい。かなり専門的な説明になるが、これは言語学習にとってたいへんに重要なテーマなので、どうか少しお付き合いを願いたい。

人間の意味理解の能力は、脳内での認知構造パターンの発動状況に支えられている。たとえば次の図は、皆さんには何に見えるだろうか。

もしあなたの脳内で算用数字の認知構造パターンが作動すれば、これは「13」に見えることだろう。一方、脳内でひらがなの認知構造パターンのほうが作動するならば、これは「しろ」に見えるはずである。

以上は視覚認知能力に関する例であるが、同じことが人間の音声認知能力にも当てはまる。すなわち、同じ音声を聞いたとしても、その音声を聞いた人間の脳内で日本語の音声認知構造パターンが作動すれば、その音は日本語に聴こえる。一方、英語の音声認知構造パターンが作動するならば、その音は英語に聞こえるのである。

「カタカナ英語発音」とは、本来ならば脳内において英語の音声認知構造パターンを作動させて認識するべき音声情報を、脳内の日本語の音声認知構造パターンの方を誤って作動させて認識するものである。本来ならば「13」と理解しなければならないところを「しろ」と認

知するようなものである。

一方、「グローバル英語発音」は脳内の英語音声の認知構造パターンを誤作動させるものではない。それはネイティブ英語発音と同様に、脳内の英語音声認知構造パターンを正常に作動させるものである。グローバル英語発音がネイティブ英語発音と異なるのは、その作動領域を認知構造パターンの「基本形」のみに限定するという点である。文字の視覚認識に例えていうならば、読みにくい筆記体や複雑な書体はすべて排除して、誰もが間違いなく読める基本書体だけを用いるということである。

「新しい日本人」

認知構造がどうだのと、なにを小難しいことをいっているのか、英語の発音を学習するのに、そこまで専門的な話をする必要などないのではないか、と思われている方もいらっしゃるかもしれない。

たしかに、英語をたんなるコミュニケーションツールとして考えるならば、ここまでの話は必要ないだろう。だが私たち日本語人にとって、英語学習はたんなるグローバルコミュニケーションツールの習得のためだけのものではないと、私は考えている。

考えてみてほしい。日本語人と英語人は同じ人類なのに、これほど異なる世界の捉え方をしており、これほど異なる思考のプロセスを持ち、これほど異なる表現方法をとっているのである。本当に不思議なことではないか。

とすれば、日本語人でありつつも、英語人の世界の捉え方、思考のプロセス、表現の方法を習得することができれば、従来の日本人よりも、ひとまわりもふたまわりも大きな「新しい日本人」になれるはずである。そしてこうした人間こそ、真の「グローバル人材」と呼んでいいのではないだろうか。このような観点からみると、たんに英語を使いこなせるようになることなど、じつに些細なことである。

私たち日本語人が英語を学ぶということは、グローバルコミュニケーションの能力を身につけることはもちろんのこと、自分自身をひとまわりもふたまわりも大きい「新しい自分」へと成長させることではないかと私は考える。そしてそのためにはコミュニケーションの領域だけではなく、人間の心の領域についても深い理解が必要だというのが私の意見である。

香港スタディツアー

私の学生時代に話を戻そう。大学二年の春に英語の習得を決意してから約一年後、私はI

SAが主催する海外スタディツアーに参加することにした。はじめての海外旅行である。期間は約二週間、行き先は香港とフィリピンだが、実際には香港に十日以上滞在してフィリピンには数日間しかいなかった。

海外旅行といっても単なる観光ツアーではない。主たる目的は香港社会を知るための視察、そしてメインは香港学生とのあいだの真剣なディスカッションである。

ISAは日本の国際化と真剣に向き合う真面目な学生たちの団体であった。そして提携しているアジア諸国の学生団体もまたそれぞれの国の将来を真剣に考える学生たちの集まりであった。

なかでも、香港の学生たちは今後の社会のあり方について非常に真剣に考えていた。時は一九七七年、鄧小平が中国の市場経済体制への移行を宣言する、一年前のことである。中国と香港とのあいだには政治の壁があり、自由な往来は考えられなかった。そして二十年後の一九九七年に香港はその中国に返還されることが決まっていた。そのときの彼らは四十歳前後。当時の彼らとしては真剣に将来のあり方を考えざるを得なかったのである。

香港滞在中の「日本代表団」のスケジュールは、そうした彼らの真剣な思いが詰まったものになっていた。最初の視察先はスラム地区。香港資本主義社会の矛盾を見てもらいたいとの意図だった。次が中国との国境。政治の現実を知ってほしいとの願いだ。視察からホテルに戻ってくるとディスカッションが行われた。議論のテーマは世界が抱えているさまざまな問題、今後の日本、香港、アジアの進むべき道などなど。私たちは熱く語りあった。もちろん英語で。

私はこの「日本代表団」の副団長を務めていた。ディスカッションテーブルでは議長を務めた。一年前にはデイビッドの話す英語が一言も聞き取れなかった私が、香港人とのディスカッションに参加し、そこでの議論をまとめる役を受け持ったのだ。一年間の英語漬けの日々は無駄ではなかったのである。

数十年後に、このときのディスカッションを録音したテープを聞く機会があった。テープのなかの私の英語発音はまだカタカナ英語の領域を抜けておらず、文法や表現も稚拙なものだった。だがその英語は確実に機能していた。私のいいたいことがみんなに伝わっていることがよくわかった。そうなのだ、これでよいのだ、とあらためて思ったものである。

そこには、「広い世界」があった

アジア学生会議

すでに述べたように学生団体ISAのおもな活動はふたつ。ひとつは香港・フィリピンの学生とのエクスチェンジプログラム。そしてもうひとつが、アジア諸国の学生を日本に招いての「アジア学生会議」の開催である。

「アジア学生会議」は、第二次大戦後すぐに創設された歴史と伝統のある学生国際会議である。会議には、西はインド、南はサモアまでアジアのさまざまな国から学生たちが参加し、世界やアジアに共通の課題をテーマとして、未来を担う学生の立場から議論する。正式の国際会議の形態をとっており、会議の最後には共同声明も発表される。

ディスカッションテーマに関していうと、たとえば私が大学二年生のときにはじめて参加した一九七五年のアジア学生会議のメインテーマは「The Paradox of Modernization」（近代化の逆説）だった。アジアの他国に先駆けて高度成長を達成した日本に対して、当時のアジア諸国は非常に強い関心を抱いていた。だが現実の日本はといえば公害や自然破壊など近代化の負の側面が深刻な社会問題となっていた。近代化による豊かな社会を構築しつつも近代化の負の側面を生み出さないためには何が必要なのか、それを考えるうえで日本の経験は他のアジア諸国にどのように役に立つのか、といったことを、未来を担う学生の立場から共に考えたい、というのが、この会議の開催趣旨だった。

いまこうやって書いていても、素晴らしいテーマだったと思う。会議に参加したアジアの学生たちにとって、このテーマでアジアの仲間たちと話し合ったことは一生の財産となったことだろう。そして私にとっても、この会議に関われたことは一生の財産となった。実際、このテーマにふれたことで私はこれまでに知らなかった広い世界を知り、そしてアジア開発経済を勉強する気になったのである。

国際部長に就任

香港エクスチェンジプログラムから帰ってくると、私はＩＳＡの国際部長に任命された。どうやら日本代表団の副団長と会議議長としての働きが評価されたらしい。あるいは、香港学生の東京案内役では絶句していたやつが、その一年後には、とりあえず英語でのコミュニケーションをこなせるようになったことを面白いとでも思ったのかもしれない。

ＩＳＡ国際部の仕事は、アジア学生会議に招待する各国の学生団体との交渉である。当時はアジア各国がまだ貧しく、日本側がいくらかの資金援助をして代表団を日本に送ってもらっていた。国際部は、その援助額の交渉、そして会議内容やスケジュールの連絡などを受け持つのである。

当時はインターネットなどといった便利なものはなく、海外との連絡はすべて紙ベースの英文メールである。それを作成するには英文タイプができなければならないのだが、私はそれまで英文タイプなどさわったこともない。そこで急遽、虎の門タイピスト学校というところに通った。生来不器用な私は、そこで若い女性の先生にしごかれながら、なんとか英文タイプのブラインドタッチができるようになった。このブラインドタッチのスキルは、その後の人生に大いに役立っている。何が幸いするか本当にわからないものだ。

アジア諸国をまわる

大学三年生の初夏、私は香港、タイ、マレーシア、シンガポール、インドネシアをまわる海外旅行に出かけた。

海外の学生団体との交渉は英文メールのやりとりだけでは、なかなかうまくいかない。やはり最後には顔を突き合わせての話し合いが必要である。そこで毎年のように国際部長がアジア諸国の学生団体を直接訪問して最後の交渉の詰めをしていた。今回は、そのおはちが私に回ってきたというわけだ。

いちおう「仕事」なのでエアチケット代はＩＳＡの方が持ってくれた。だが宿泊費などは自腹を切れと言う。しかたがないので各地の最も安い宿をさがして泊まることにした。

これが正解だった。アジアの本当の姿を、少しだけだが、見ることができたからだ。

たとえばインドネシアのジャカルタではスラム街のなかにあるＹＭＣＡに泊まった。一泊、三百円ぐらいだったと記憶する。宿につくまでの泥の道の両側には掘立小屋が並んでおり、ヤギやニワトリが闊歩していた。宿について部屋の天井をみると、白いヤモリが何十匹もはりついていた。寝ているときに落ちてこないかと、少し心配した。

トイレにいくと、私の胸の高さほどある、大きな水瓶がおいてあった。用を足したあと、この水で局部を洗い流すのだ。当時の日本にはなかったウォシュレット方式のトイレである。とても気に入った。

インドネシアの人々は、とても穏やかで、そして親切だった。そして自然は、とても美しかった。朝早く、甲高い物売りの声で目が覚める。小さなころに大阪できいたような、どこか哀切を帯びたその声を聴きながら、この国はいいなあと、心のそこから思ったものである。

タイでは、バンコクの大学だけでなくチェンマイ大学の学生も招待したいと思い、夜行バスでチェンマイに向かった。バスの横にすわったのは、アジア各国を旅行しているという若いスウェーデン人だった。彼と英語で話しているうちに、彼がいった。

「どう、チェンマイでは、同じ部屋に泊まらないか？」

まさか。ひょっとすると、私はアプローチされているのか。この柔道部出身の私が。

「いや、じつはチェンマイでは友人の家に泊めてもらうことになっている」

「そうか、それは残念だ」

彼はそういうと、にっこりと笑って、話題を変えた。

各地でのホームステイの思い出も忘れられない。タイのバンコクでは、名門タマサート大学の学生の実家に泊めてもらった。彼の実家はバンコクから車で一時間ぐらいのところにある。日本でいうところの地方の農家である。ここからタマサート大学に入ったというのは、日本でいえば栃木や埼玉あたりの田園地域から東大に入ったという感じなのかな、などと思った。

　家は高床式で、裏庭ではなく裏池があった。池には魚が飼われており、その魚が夕食に出てきた。家族は御両親と妹さんである。いわゆる「外人」がやってきたのは初めてのことらしく、緊張をしながらも心をこめて歓迎してくれた。彼らが英語を話せるはずもなく、学生が通訳をしてくれた。私のための日本式に炊いてくれたというごはんのうえに、幸福のシンボルであるというバナナをのせ、それにナムプリという調味料をつけて食べた。おいしいというと、お母さんが本当に嬉しそうな顔をしてくれた。妹さんはとても恥ずかしがり屋で、ずっと私に直接話しかけることはなかった。だが最後に分かれるとき、彼女は初めて私の顔をみながら、さよならをいってくれた。あのときの彼女のはにかんだ表情を、私はいまでも覚えている。

日本人との思い出もある。シンガポールを歩いていたときのことである。向こうから、一目で日本人の団体旅行客だとわかる集団がやってきた。一目でわかると書いたが、当時の日本人旅行者は本当に一目でわかったのである。彼らの何人かが私を見たが、すぐに目をそらした。真っ黒に日焼けして現地人以上にきたない格好をしている私のことを日本人とは思わなかったのかもしれない。現地の空気とはまったくそぐわない何かを振りまきながら、その集団は向こうへと去っていった。

この東南アジア旅行は私の世界観を大きく変えた。アジアの一地域でさえ、これだけの文化の多様性を持っているのである。世界全体での文化の多様性はどれほどのものだろうか。

このように、さまざまな文化を背負いながら、さまざまな人々が、さまざまなかたちの人生を送っている。これが世界なのだ。そしてその多様性豊かな世界こそ、私たちが守り、引き継いでいくべきものなのだ。そして、そうした多様な文化をつなぐことこそが、グローバルコミュニケーションの役割なのだ。

早稲田の「おおらかさ」が救い

こうしてＩＳＡの活動に打ち込みながら、私は大学四年生になった。

ところで、ここまで読んできた方は、私がなぜ留年もせずに大学四年生になれたのかを不思議に思っているかもしれない。なにしろ一年生のときは「半ひきこもり」生活で大学にはほとんどいかず、二年生からは英語学習やＩＳＡの活動でこれまた大学にはほとんどいっていない。四年間で大学のキャンパスにいったのは、おそらく百日を超えていない。それでいて単位だけはなんとか取れていたのだから、不思議あるいは不審に思われても仕方がない。だが誓っていうが、何かインチキをしたわけではない。ダイヘンなるものを誰かに頼んだことも一度もない。

当時の時代と早稲田大学の個性がこれを許したのである。私が大学一年生のときに早稲田の大学構内では大学闘争の内ゲバによる最後の殺人事件があった。授業のほとんどがつぶされ、テストはすべて行われず、学生にはレポート提出のみで単位が与えられた。そのため、半ひきこもりの私でもレポートを出すことで単位がもらえたのである。二年生以降は、出席をとらない講義ばかりを選んで登録し、テストだけを受けてなんとか単位をもらった。もちろん成績評価はほぼすべて単位取得ぎりぎりの「可」である。四年間でとった「優」の数は合計で四つ。そのうちの三つが「体育」だった。体を動かすことが大好きなので体育実技だけはきっちりと出席していたのである。

いまの時代と大学教育ではとても考えられないことだろう。早稲田大学でも、いまではこうしたことは許されないのではないだろうか。だがこうした当時の「いいかげん」な教育体制が百パーセント悪いのかといえば、私にはそうは思えない。少なくとも私のようなタイプの学生の場合、あのような「放し飼い」状態が許されていなければ、間違いなくつぶれていたにちがいない。私を窮地から救ってくれたのは、当時の早稲田のいいかげんさ、よくいえば「おおらかさ」だった。

いったい、何をしたいんだ

やりたいことに向かう勇気と自信がない

大学四年生の夏のアジア国際会議が終わると、就職のシーズンがやってきた。当時、企業面接は十月一日からと決まっており、それまで大学四年生は、それなりの準備はするものの、企業訪問などをする必要はなかった。

私は、困惑していた。夏のアジア学生会議までＩＳＡの活動に全力で取り組み、それをやり終えた後にエアポケットのような状態がやってきていた。学生時代が、これで終わってしまう。では、自分はこれから何をすればいいのか。

みんなと同じように企業に就職をするというのが普通の考え方なのだろう。だがじつは、本当にやりたいことは別にある、と自分ではわかっていた。それは「もの書き」になることだった。

私は小さな頃から本とともに生きてきた。臆病で小心者で「コミュ障」であるから、どのような人間集団にもうまくなじむことができなかった。だが、本の世界は違う。そこには自分とともに本気で考え、悩み、そして教えてくれる「ことのは」たちがいた。そしてそれを生み出した人間たちがいた。だからこそ、自分も本を書く人間になって「ことのは」の世界で他者とともに生きていきたいと思っていた。

じつは大学の専攻を選ぶときにも同じ思いが胸にあった。だが結局のところ経済を専攻に選んだのは、自分に自信が持てなかったからだ。自分のような人間が将来文章書きとして生計をたてることができるとは、とても思えなかったのである。

文章を書く仕事をしたい、でもその自信がどうしても持てない。あとから考えると、その悩みの解決策が「翻訳」という仕事だったのだろう。しかし、なにしろ高校の英語テストで四〇点以上をとったことがないのである。当時は自分が将来翻訳業で食べていけるなど、夢にも思っていなかった。

結局、流されて……

結局のところ、「ことのは」とともに生きていくという夢を追いかける決断は、またできなかった。そして大学選びのときと同様に、世間の評判と勤め先としての優良さという観点から就職先を考え、いくつかの会社の面接を受けた。すると思いがけないことに、三井物産という大手商社が採用通知を出してくれた。「優」が四つしかない私に、である。なぜ採用してくれたのかはいまでもよくわからない。何かのミスだったのかもしれない。

いずれにしろ世間に名の通った勤め先が見つかったことで、まわりの人間はとても喜んでくれた。だが自分自身では複雑だった。これで大学を出て生計をたてることができるのは嬉しいことだったが、一方では、また流されてしまった、との思いも強かった。ひょっとすると大学選びのときよりも、さらにひどい間違いを犯してしまったのではないかとの予感もあった。

第2章　迷走のはじまり

就職して、「しまった！」

予感、的中

自分が大きな間違いをしでかしたのだと確信するまでに、それほど長い時間はかからなかった。配属された部署は穀物油脂部。そこに私とともに配属された新入社員は四人。彼らは私とは明らかに異なっていた。

彼らは何よりも非常に優秀であった。人間としてもとても魅力的な男たちだった。三井物産という名門企業に入ったことにプライドを持ち、一生をかけてその職場で良い仕事をし、そしてできるかぎりの出世をしようと考えていた。新入社員の飲み会での彼らの意欲と野心に満ちた態度と表情は忘れられない。それは戦いを前にした雄々しき若武者たちの姿であった。

野心に満ちた男というものをどのように評価するかは人それぞれだろう。だが少なくも、彼らは自分の人生をごまかしてはいなかった。彼らは商社マンという職業をみずから選択し、それに人生にかけようとしていた。彼らには自分の人生に対する勇気と覚悟があった。

それに対して、私はどうだ。彼らのように自分の人生に真正面から向き合うことが、私にはできていない。それどころか、「ことのは」とともに生きる勇気も覚悟もずっと持てずに、ただただ、その場しのぎのごまかしを積み重ねてきたにすぎない。

同期のなかにMというやつがいた。彼は大学で農業経済を勉強し、将来は農場経営に携わるのが夢だとつねづねいっていた。当時、三井物産ではインドネシアのスマトラ島で大規模な農場経営に挑戦していた。Mはそのプロジェクトに惹かれて三井物産に入ってきたのだ。新橋のガード下の酒場でMは私に向かってこういった。

「おれにはさ、お前がなんでここにいるのかが、どうもよくわからん」

その言葉を聞きながら、ごまかしを積み重ねる人生から抜け出す、これが最後のチャンスだと思った。私は会社を辞める決心をした。

「給料ドロボウ」の日々

だが、会社を辞めてどうするのか。ときは一九七八（昭和五十三）年。いまのように転職が当たり前の時代ではない。また、私の場合には転職をすれば解決するという話でもない。

さて、どうする。

出した結論は、とりあえず三年、会社にいるというものだった。ごまかしを積み重ねる人生から抜け出すなどといっても、現実的には会社を辞めれば、その日から食えなくなる。世間という荒海を一人で泳いでいけるだけの能力は自分にはないと自覚していた。お金の蓄えもない。したがって、まずは三年のあいだ会社のなかで勉強をさせてもらいながら、貯金をして次のステップに備えようというのだ。

なんとも虫のよい話である。会社側からみると、これでは単なる「給料ドロボウ」ではないか。小さな会社ならば、こんな社員がいればたちまちつぶれてしまうことだろう。ただ、そこは天下の三井物産である。とんでもない社員が一人や二人ぐらいいても、びくともするはずがない。申し訳ないことは申し訳ないが、向こうさんも間違ってこんな男を採用してしまったのだから、仕方がないと思って我慢していただくしかない、などと考えた。

いまこうやって書いていても、ずいぶんとひどい話だなあと、我ながらあきれかえる。と同時に、臆病で小心者の私が、よくぞこれほどまで図々しくなれたものだなあと、妙に感心もする。

いま振り返ってみると、会社を辞めるというこのときの決断は、間違いなく正解だった。もしあの決断が下せずにずっとそのまま三井物産にいたとすれば、私は自分の人生を失っていただろう。世間的にみれば、その後の私はとんでもない迷走人生を歩んでいくのだが、その迷走人生こそが私にはふさわしいものだったのだと考えている。

その後の三年は「給料ドロボウ」の日々が続いた。総務課に属していたのだが、私の働きぶりは明らかに誰よりも劣っていた。いてもいなくてもいい、そうした存在だった。

実務書の英語は難しくない

三年のあいだに少しでもいいから世の中に通用する実力を身につけたいと私は思っていた。それには語学力だけではなく専門的な知識も必要であると考えた。たんなる語学バカになるつもりはなかった。そこで経済学の勉強を英語ですることにした。曲がりなりにも経済学科出身であり商社勤めであるから、これはある意味で当然の選択ともいえた。

最初に読もうと決めたのはサミュエルソンという経済学者の*Economics*という本である。当時の定番中の定番の近代経済学の教科書で、六百ページほどもある大著だ。これをまず読み切ろうと思った。ちなみに私は何かの勉強をはじめるときには、いつも定番中の定番とされている本からはじめることにしている。多くの人々に長く支持されていることには、それなりの揺るぎない理由があると考えるからである。私はそうした読書人の集合知を信じている。

　ただ、経済学の勉強については大学一年生のときに一度挫折をしている。当時、近代経済学の本を読もうとしたが、最初の数十ページで挫折した。内容がどうのというよりも、経済書の日本語文章そのものがまるで理解できなかったのである。これほどまでに自分は頭が悪いのかと、ずいぶんとショックを受けたものだった。

　であるから、サミュエルソンの *Economics* を英語で読もうと決めたときにも、かなり厳しい道のりになるだろうと覚悟した。

　ところが、そうではなかったのである。サミュエルソンの英語を読みはじめると、なんと、すらすらと読める！　そして、書いてある内容がどんどんと頭のなかに入ってくる！

　そのときに気づいたのは、それまで学校の英語の授業で読まされてきた文学やエッセイの英語に比べると、経済書の英語はとてもシンプルで明解だということだった。語彙は基本的なものであり、こねくりまわしたような複雑な構文もない。ベーシックな英語力さえあれば誰にでも読める英文なのである。

　じつは、経済にかぎらず実務の英語とは、そのようなものなのだ。実務文の目的は、その内容をできるだけ数多くの人々に誤解なく伝えることにある。だから言語表現の微妙な違いは重視せず、最も分かりやすい語彙と表現とを用いて内容を表わそうとする。文学やエッセイのように言葉の魅力で人々の心を動かそうというのではなく、思想のように独自の心の動きを独自の言葉で示そうというのでもない。

したがって、（英文学や思想の研究者、英語専門家といった特別な人ではない）一般的な日本人にとっては、英語の複雑な構文を読み解いたり、難しい語彙を完全にマスターする必要は特にない。それよりも、ベーシックな英語の文章を何十ページ、何百ページと読み進めていくことのできる持続的な読解力のほうがはるかに大切であるし、役にも立つ。そしてそのように実際に役に立つ能力こそが、本当の意味での英語力だといってよい。

サミュエルソンの*Economics*は、三カ月ほどで読み切った。私にとってはじめて読み切った英語の大著となった。大きな自信となり、ひょっとすると英語の世界で生きていけるのではないかと、少しだけ思えるようにもなった。

学術日本語は欠陥品

サミュエルソンの*Economics*を読みながらもうひとつ気づいたのは、経済学の日本語文章が抱える本質的な欠陥だった。なにしろ日本語で読むとちんぷんかんぷんだった経済学の内容が、サミュエルソンの英語で読むと、すいすいとわかるのである。たしかに四年前とは自分自身の知識レベルも違ってはいるものの、それにしても、これは絶対に何かがおかしい……。

そして、気づいたのである。私が大学一年生のときに経済学の本が読めなかったのは、じつは私の頭の良し悪しの問題ではなく、経済学テキストの日本語のせいだったのだと。

たとえば、次の日本語文をぜひ読んでみていただきたい。少なくとも、読もうとしていただきたい。

同じ危険クラスに所属し営業利益の期待値の相等しい2つの企業について、一方の企業が適度の負債の導入によって他方の負債を全く利用していない企業よりも高く評価されているとしよう。このとき、前者の株主は、保有株式を売却して得た手取り額と彼が個人的信用で借金して得た資金とでもって負債を利用していない企業の株式へと乗り換えることによって、以前と同じ資本構成を維持しながらより高いポートフォリオ収益を獲得できることになる。しかし、完全資本市場の仮定のもとではかかる状況は永く続かない。過大に評価されていた負債を利用している企業の株式時価および負債の時価総額、したがって企業価値は下落し、他方、負債を利用していない企業の株式価値すなわち企業価値は上昇し、やがて両企業の株価は均衡化する。逆に負債を利用している企業が過大な負債の利用によって負債を利用していない企業よりも低く評価されているとしよう。この場合、後者の株主は、保有株式を売却して得た手取り額を負債を利用している企業の株式と（任意の企業の）社債とに、負債を利用している企業の株式と社債がそれぞれ総資本に占める割合に等しい比率で投資して得られる新しいポートフォリオから、以前と同じレバレッジ・ポジション――この場合、会社の負債利用と個人的貸付は相殺される――を維持しながらより高い収益を獲得できる。しかし、この場合もかかる裁定取引は永続せず、やがて両企業の価値は均等化する。（『証券投資論』、日本証券アナリスト協会編、榊原茂樹他著、十六～十七ページより）

ほとんどの人が途中で読むのをあきらめたことだろう。当たり前だ。こんな日本語がすらすらと読めるはずなどないではないか。知識がどうのといったレベルではない。そもそも日本語としておかしいのだ。

ようするに、この日本語文は明らかに悪文であり、そして欠陥品なのである。ちなみに『証券投資論』は日本アナリスト協会の推薦図書である。

一九三四（昭和九）年、文豪の谷崎潤一郎は『文章読本』のなかで次のように書いている。

私はよく、中央公論や改造等の一流雑誌に経済学者の論文などが載っているのを見かけますが、ああいうものを読んで理解する読者が何人いるであろうかと、いつも疑問に打たれます。それもそのはず、彼等の文章は読者に外国語の素養があることを前提として書かれたものでありまして、体裁は日本文でありますけれども、実は外国文化の化け物であります。そうして化け物であるだけに、分からなさ加減は外国文以上でありまして、ああいうのこそ悪文の標本というべきであります。（『文章読本』、中公文庫、七十ページより抜粋）

「体裁は日本文でありますけれども、実は外国文化の化け物」。この『証券投資論』の文章は、まさにそうした文章である。そして「化け物であるだけに、分からなさ加減は外国文以上」なのである。

谷崎が『文章読本』を書いてから八十年以上が過ぎている。だが現在出版されている日本語の経済書の多くが、いまもなおこうした「外国文化の化け物」文によって書かれているのだ。他の多くの分野の学術書もまた同じである。西欧文明を直訳文を通じて透かしてみること。それが明治以降の日本の学問のあり方だった。そしてそのあり方はいまもなお連綿として続いているのである。

これを読んでいる人のなかには、私と同様に、経済学やその他の学術分野の日本語の本が読めなくて劣等感にとらわれたことのある人もいるかもしれない。そのような人（特に若い人）に申し上げたい。日本語の学術書が読めないからといって、自分の知的能力が足りないなどとは決して思わないでいただきたい。そうした学術書が読めないのは、あなたの知的能力のせいではない。それは、その本の日本語文が欠陥品だからである。

第二外国語への挑戦

会社勤めも一年半ほどが過ぎたころ、私はフランス語の勉強をはじめた。理由は、みっつ。ひとつは、第二外国語を身につけることで世間の荒波を泳いでいくための武器を増やしたいということ。もうひとつは、英語の世界からなるべく距離を置きたいということ。そして最後に、自分自身の教養のためである。

会社勤めの三年のあいだに世の中に通用する実力を少しでも身につけたいと、私は思っていた。そのためには英語の実力を少しでも向上させ、専門知識を少しでも身につけることが必要だと考えていた。

だが、それだけでは足りない、とも考えた。英語にしても、専門知識にしても、私の場合、周回遅れもいいところである。世間の荒波のなかで、その道一筋のプロたちに伍して泳いでいくには、別の武器が必要である。そしてそれが第二外国語だと考えた。

英語業界に少しだけ接してみると、多くの英語関係者が英語という言語を本当に大好きであるということがよくわかった。ただ、その好きであるという度合いが相当に行き過ぎてもいた。英語関連の本を読んでいると、まるで世界には英語しか言語がないような書きっぷりのものが多かった。外国イコール米国または英国といった思い込みも目立った。

一部の英語関係者の「ネイティブ」英語に対する思い入れは常軌を逸していた。ネイティブのような英語発音を身につけることを人生の目標としているかのような人々もいた。「英語道」などという言葉があるのにも驚いた。モーツアルトを聞くと英語の音が聞き取れるようになるのでモーツアルトを聞くようにと勧める本さえもあった。モーツアルトを英語音声の習得のダシに使おうというのである。これには、まいった。

こんな業界に入っていくのかと、少しうんざりとする気持ちがあった反面、これであれば周回遅れの自分でも、工夫さえすればなんとか勝負ができるのではないかとも思った。

その工夫が、第二外国語の習得であった。英語関係者の多くは英語以外の言語にほぼ無関心であるから、少しでも第二外国語ができれば相対的な意味での競争力が獲得できるだろうと思った。また、第二外国語を身につけることで、「英語、いのち」の人たちとは一定の距離を置くこともできるとも考えた。

同時に、当時の私は自分の教養をもっともっと深めたいとも思っていた。「半ひきこもり」の大学一年生の頃から、一芸に秀でていながら幅広い知識を併せ持つ「教養ある専門家」になることが私の夢だった。そのためには第二外国語の習得が大きな武器となると考えた。

それにしても、英語や専門知識さえまともに身についていないのに、第二外国語までやろうというのである。こんなムチャなことを考えつくというのは、若いというのはまったく恐ろしいことである。

第二外国語としてフランス語を選んだことに、それほど深い意味はない。西欧文明をもっと深く知りたかったのでドイツ語かフランス語をやろうと思ったのだが、大学時代に第二外国語として選んだのがフランス語だったので、そちらを選ぶことにした。結果的に、これは正解だった。ゲルマン文明の一変種である英語に加えて、ラテン文明の嫡子であるフランス語を学ぶことで、西欧文明を俯瞰することができたからである。

フランス語を学びはじめる

第二外国語としてのフランス語をどのようにして学ぶかについては、迷いはなかった。第一外国語である英語のやり方を、そのまま踏襲すればよいのだ。

まずは、音からである。フランス語の音韻体系を脳内に焼き付けなければならない。そのためには英語のときと同様に、カセットテープを繰り返し聞くことからはじめた。使った教材は、当時の定番中の定番であった『スタンダードフランス語講座』(大修館書店)。テキストを読み、その付属テープを何度も聞いて、ディクテーションをおこなった。英語のときのICEと『イングリッシュ・ジャーナル』によるトレーニングとまったく同じ方法である。

それから、新聞広告で見つけたフランス語会話のグループレッスンも受けることにした。先生は、パリのソルボンヌでフランス文学を学んだというデンマーク人の女性だった。ご主人が船会社の重役さんで、日本に赴任してきたばかりだという。渋谷に住んでおり、毎週一回、その自宅にレッスンに通うことにした。

彼女は私が出会ったはじめてのヨーロッパ人女性だった。それまで私のなかには、ヨーロッパ人は理知的ではあるが日本人のような思いやりには欠ける人間だという、一種の思い込みがあった。

だが驚いたことに、彼女は日本人以上にあたたかな心の持ち主だったのである。私たち生徒の言葉にできない不安な気持ちにきちんと寄り添ってくれて、つねに十分なケアをしてくれるのである。彼女の私たちに対する態度には、やさしさと思いやりが満ちていた。

一緒にレッスンを受けていた、ある大学の西欧文学の女性助教授に、ヨーロッパ人に対する印象がまったく変わったといったら、彼女はこう答えた。

「それは勘違いです。彼女は例外ですよ。彼女ほど、心のあたたかなヨーロッパ人は、それほどいるものではありません」

そのときにはよくわからなかったが、その後、数多くのヨーロッパ人と接してみて、女性助教授の言葉の意味がわかった。たとえば、その後に学士入学した早稲田大学の文学部仏文科のフランス語の女性教師には、面と向かって罵倒されたりもした。私を指さしながら「あなた、本当は何もわかっていないでしょ！」といい放つ女性教師の顔つきは、いまでも覚えている。いやあ、怖かった。

だが最初の印象とは、すごいものだ。私はいまでもヨーロッパ人というと、そのデンマーク人女性のことを思い出す。小さな犬を抱いて、まるでバレエのポジションをとっているかのような立ち居振る舞いをし、灰色の瞳で私たちのほうをまっすぐに見て、にっこりとほほ笑んでいる彼女の姿こそ、私にとってのヨーロッパ人なのである。

フランス語の学習に、話を戻そう。音と会話のほかに、このときに私がおこなったフランス語の学習内容は、基本単語を暗記することと、語彙を制限した仏文テキストを読むことだった。

基本単語の学習には、日仏併記の単語集を利用した。具体的には、基本三〇〇〇語を日本語からフランス語へとすぐさま変換できるようになることを目指した。のちに詳しく説明するように、異なる言語間では単語の一対一対応などあり得ないのだが、しかし最初の三〇〇〇語程度の段階では「頭」＝「La tête」、「食べる」＝「Manger」といったように日仏対照で覚えるほうが効率が良い。また、第二外国語の場合には第一外国語で言語間の本質的な隔たりをすでに認識できているわけであるから、こうした学習方法をとっても大きな弊害は出ないだろうと判断した。

語彙を制限した仏文テキストについては、アシェットという出版社を中心にさまざまなシリーズが出ていたので、それを選んだ。英語とは違って一冊一冊の値段が高いのには辟易したが、それでも数十冊を購入して読み進めていった。

一年ほど経つと、カタコトではあるがフランス語会話が成り立つようになった。仏文テキストもどうにか読めるようになった。

これを読んでおられる人のなかには、一年でカタコトではあってもフランス語が話せるようになって仏文テキストがなんとか読めるようになったのだから、私には語学の才能があるのだと思われる人もいるかもしれない。

それは勘違いである。じつは第二外国語は、誰であってもこの程度のスピードでの習得が可能なのである。

私の感覚でいえば、第二外国語の習得の困難度は第一外国語のほぼ二分の一程度である。つまり英語に比べると約半分ぐらいの期間で第二言語としてのフランス語の習得は可能である。

とすれば、一年程度でカタコト程度の会話ができたとしてもそれほど不思議ではない。またベーシックレベルのテキスト読解ができても、おかしくはないはずだ。

意外なことに、フランス語の学習は、英語の学習にもつながるものであった。知的英語語彙の大半はラテン語系語彙であるから、フランス語の語彙の学習は、ほぼそのまま英語の知的語彙の学習といえる。

また、フランス語の文法体系は、英語の文法体系よりもヨーロッパ言語の原型を色濃く残しているので、フランス語文法を学習することで、英文法の学習だけでは知ることのできない、西欧的な世界認識と思考体系を知ることもできる。

このように第二外国語の学習は、第一外国語である英語の学習の強化につながるものであり、また知識の幅を広げてくれるものでもある。このところ、英語ばかりがもてはやされて、その他のヨーロッパの言語あるいはアジア・アフリカの言語を同時に学ぼうという気運が日本人のなかで少し落ちているような気がする。これはたいへんにもったいないことである。第二外国語を学習することで視野が広がると同時に、第一外国語の学習のサポートにもなる。よいことばかりなのだ。これを読んでいる方々には、どのような言語でもよいから、ぜひ第二外国語の学習に挑戦していただきたいと願っている。

「言葉」の不思議に魅せられて

日本語の世界、英語の世界

勉強を続けながらの会社勤めの日々は容赦なく過ぎていき、気がつくと勤めはじめて二年半が経っていた。期限の三年まであと半年。これから進むべき道を決めなければならない。

さて、どうする。

私は、学生に戻ることにした。理由は、ふたつ。ひとつは、たかだか二年少しぐらいの勉強では世間の荒波をこれから一人で泳いでいくだけの実力がついたとは、とても思えなかったこと。そしてもうひとつは、「ことのはの世界」をどこまでも探究してみたいと本気で思ってしまったことである。

勉強を続けるなかで、私はあらためて言葉というものの不思議さに魅せられていた。

たとえば、私はいま日本語でものを考え、日本語で表現をしている。だが、これを英語に切り替えた瞬間、私は英語でものを考え、英語で表現をすることになる。あるいは、これをフランス語に切り替えると、私はフランス語でものを考え、フランス語で表現することになる。

それだけではない。日本語モードでいるときと、英語モードでいるときとでは、世界の見え方そのものが違うのである。この点について、少し詳しく説明しよう。少しだけ理屈っぽくなるが、どうかお付き合いを願いたい。

ここに、自然の世界があるとしよう。この世界を、人間はまず犬や猫や鳥と同じ方法で認識する。このように認識された世界のことを「ナマの世界」と呼ぶことにする。

つぎに人間は、この「ナマの世界」を、言葉という「レンズ」をとおして認識する。図にすると、たとえば、次のようである。

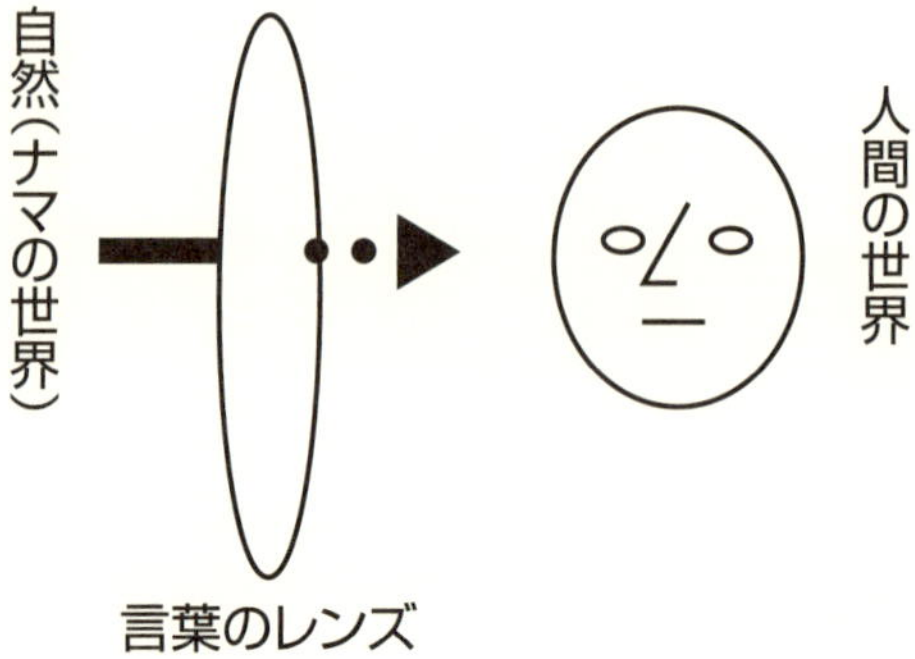

こうして、世界を言葉のレンズをとおしてみると、そこには、「椅子」や「池」や「春」や「愛」

といったものが生まれてくる。そして、この「椅子」や「池」や「春」や「愛」を含んだ世界こそが、私たちの生きる人間の世界である。

この「言葉のレンズ」には、さまざまな種類がある。日本語というレンズをとおすと、世界は日本語の世界になる。英語というレンズをとおすと、世界は英語の世界になる。

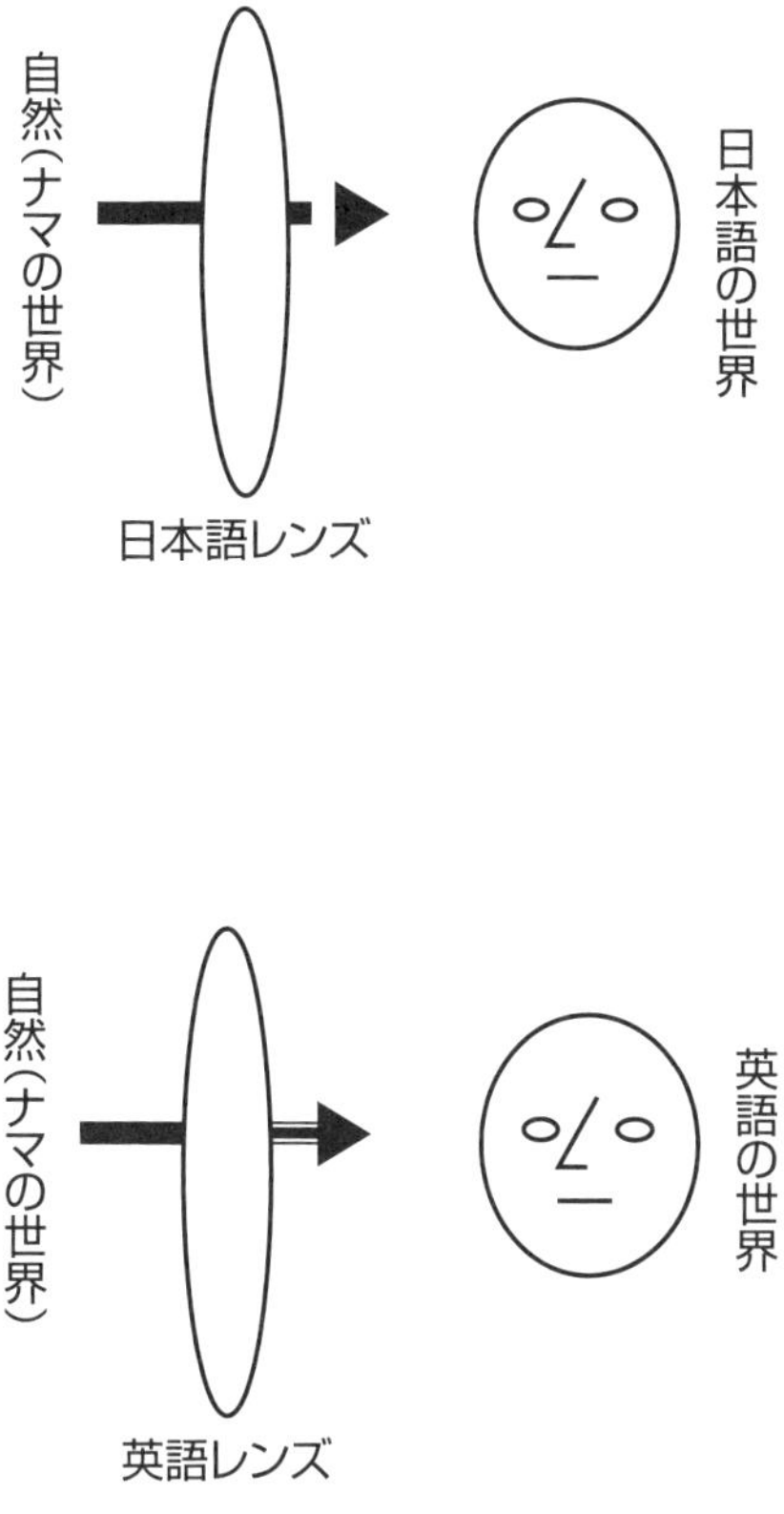

日本語の世界と英語の世界というこのふたつの世界は、驚くほどに大きく異なっている。もちろん同じ人間どうしであるから、根本的にすべてが違うわけではない。しかしその違いは、一般に考えられているよりも、はるかに大きいのである。

言葉や文化によって世界の捉え方が違うという、この衝撃的な事実を私に最初に教えてくれたのは、鈴木孝夫の『ことばと文化』（岩波新書）という本である。一九七三（昭和四十八）年に発刊され、現在でも読み継がれている名著中の名著である。私は発刊から一年後の一九七四（昭和四十九）年に読んだ。私は大学一年生だった。それ以来、私はこの本を幾度となく読み返している。そして読み返すごとに新しい発見を得るのである。

「ものの捉え方」「ことの捉え方」

『ことばと文化』の内容の一例をご紹介しよう。次の表をみていただきたい。

これは、H_2Oという物質が、マレー語の世界、英語の世界、日本語の世界で、それぞれどのように認識されているのかを示したものである。

私たち日本語人は、H_2Oを、固体であれば「氷」、液体で温度が低ければ「水」、液体で温度が高ければ「湯」として認識する。だが、英語人の認識はそうではない。固体であれば

	H2O		
マレー語	air		
英語	ice	water	
日本語	氷	水	湯

『ことばと文化』（鈴木孝夫、岩波新書、p.37より）

ice だが、液体であれば温度がどうであれ、すべて water である。そしてマレー語人の認識では、固体であっても液体であってもＨ２Ｏはすべて air なのである。鈴木孝夫は、次のように述べている。

ここにあげた、水ということばの三つの言語による内容の相違は、人間のことばというものが、対象の世界を或る特定の角度から勝手に切り取るというしくみを持っていることの例としてよく引かれる。

人が一つの言語の中で終始生活していれば、ものとことばの関係は、いわば自明の前提として、懐疑の対象とはなりにくい。それをこのように他の言語と比較することで、身近な水や湯や氷のようなものでさえ、日本語という特定の言語に依存している、恣意的な区分にすぎないということがはじめて理解されるのである。

（『ことばと文化』、鈴木孝夫、岩波新書、p.37）

このように「ものの捉え方」は言葉や文化によって違うのだが、じつは言葉や文化によって違うのは「ものの捉え方」だけではない。「ことの捉え方」もまた言葉や文化によって異なるのである。

たとえば、日本語では「お湯をわかす」という。だが、もし「を」という格助詞が英文法でいうところの「目的語（目的格）」を導く語だとすれば、「水をわかす」といわねばならないはずである。なぜなら「お湯をわかす」と水蒸気になってしまうからだ。

さらには、日本語では「お風呂をわかす」などともいう。だが、お風呂をわかしてしまったら、火事になるのではないだろうか。

ここからわかることは、日本語の「〜を」が持っている機能（はたらき）は、英語の目的語を導く機能（はたらき）とは異なっているということである。そして、日本語の「〜を」や英語の目的語が持っている機能（はたらき）は「ことの捉え方」のベースとなるものであるから、このことは日本語と英語とでは「ことの捉え方」そのものが異なっていることを意味するのである。

私が中学で英語を習い始めた頃、次のような英文とその日本語訳を教わった覚えがある。

Hanako plays tennis.（ハナコはテニスをします）

Taro likes soccer.（タローはサッカーが好きです）

同じ文型なのに、片方は「〜を」を使って、もう片方は「〜が」を使っている。これはなぜなのかとずいぶん疑問に思ったものである。その疑問が本当の意味で解けたのは、それから数十年が経ってからのことだった。

「イングリック」（グローバル英語）との出会い

『ことばと文化』の二年後に発刊された、同じく鈴木孝夫の『閉された言語・日本語の世界』（新潮選書）もまた私にとって衝撃的な内容だった。

同書の日本語に関する論理的かつ独創的な論考は、日本語とはそのような言語だったのかと私を驚かせるとともに、当時の日本語に対するさまざまなバッシング論（非論理的、非効率、他）が、いかに底の浅いものであるかを私に教えてくれた。

鈴木孝夫の主張のなかには、私のその後の人生の方向性を決めてしまったものもあった。それが「イングリック」（Englic）の思想である。

「イングリック」とは、「国際補助語としての英語」（『閉された言語・日本語の世界』p.231）つまり「グローバル英語」のことである。なお「イック（ic）」というのは接尾語であって「〜的な」という意味を持っている。

鈴木は、これからの日本人は「ネイティブ英語」ではなく「イングリック」つまり「国際補助語としての英語（グローバル英語）」を優先的に学習するべきだと主張した。そしてその根拠として二点を指摘した。私なりにまとめてみると次のようになる。

（一）グローバル化の進展によって「グローバル英語」の使用領域が「ネイティブ英語」をはるかに上回っている。こうした状況下では「グローバル英語」ではなく「ネイティブ英語」を優先的に学ぶべきだとする合理的な理由はすでに見つからない。

（二）「グローバル英語」を利用することで「ネイティブ英語」の利用に伴って発生する「英語ネイティブ特権」をはく奪することができる。その結果、世界のすべての人々が公正な立場でグローバルコミュニケーションをおこなうことができるようになる。

鈴木が提唱した「イングリック」の思想こそ、ON&COMPANYがこれから進めようとしている「グローバル英語」教育の原点である。

鈴木が「イングリック」の思想をはじめて主張したのは一九七一（昭和四十六）年のことであった。それから五十年近くが経とうとしているが、「ネイティブ英語崇拝」という病魔は、現在もなお日本人の精神のなかに深く根づいたままである。そしてそれが日本の精神文化を大きく損ない続けているのである。

敢えて挑発的な言い方をするならば、現在でもなお、日本人は英語ネイティブのしもべであり、日本という国は英語ネイティブ国の属国である。ＯＮ＆ＣＯＭＰＡＮＹは、日本と日本人がこの状況を、反抗というかたちではなく、克服というかたちで乗り越えるための活動をしていきたいと考えている。

『ことばと文化』『閉された言語・日本語の世界』の二冊は、現在でも私にとってバイブル的な存在である。著者である鈴木孝夫先生とは、その後、数十年を経て仕事の関係でお会いすることができた。すでに五十歳を過ぎていた私が鈴木先生の前ではコチコチに固まっているのを見て、まわりの人々がおもしろがっていたのを覚えている。

また、今回お世話になったアートデイズの宮島正洋編集長は、慶応大学での鈴木先生の弟子筋にあたる方であり、鈴木先生の著書を何冊も手掛けておられる。現在でも鈴木先生とは親密な関係にあるとのこと。不思議なご縁だというほかはない。

「文法」を学びはじめる

会社勤めのあいだに、もうひとつはじめたのが、文法の学習だった。ただし、ここでいう「文法」とは、たんなる「言葉の仕組み」のことではない。日本語人や英語人がそれぞれに世界をどのように捉えて、どのようにものを考え、どのように言葉にしているのかという、非常に広い意味での「文法」である。「言葉の仕組み」を越えて認識や思考のあり方までを扱うのだから、これを「文法」と呼ぶのはどうかとも思うのだが、ほかに言い方がないので仕方がない。

広い意味での「文法」に関する一例を紹介しよう。

かなり前のことになるが、サイマル翻訳コースでのグループディスカッションでの出来事である。一人の若い女性の生徒（Xさんとしよう）が自分の意見を述べたのちに、先生である私に対して次のように問いかけてきた。

「この点に関して、私はこのように考えました。あなたはどう考えますか、成瀬さん」

年上の先生である私に対する彼女のこの発言をきいて、私だけではなくディスカッションに参加していたその他の生徒のすべてが、非常に驚いた。ふいをつかれたのである。そしてみんなが非常に驚いている様子をみて、発言をしたXさん自身も自分の日本語表現の間違いに気づいたようで、すこし赤くなった。ちなみに、Xさんは米国で生まれ育った帰国子女であった。

もうおわかりだと思うが、Xさんが使った「あなたはどう考えますか、成瀬さん」という日本語表現は、What do you think, Mr. Naruse? という英語からの直訳である。そしてこの直訳の日本語表現は、狭い意味での日本語の「文法」の観点からみれば、おかしくはない。だが、広い意味での「文法」の観点からみれば、これはおかしいのである。

では、このときXさんは私に対してどのようにいえばよかったのか。たとえばだが、「先生のお考えはどうでしょうか」あるいは「成瀬先生としては、どのようにお考えでしょうか」といった表現であれば、おそらく問題はなかっただろう。

ここでの最大のポイントは、「あなた」の使用の有無である。すなわち、広い意味での日本語の「文法」にしたがえば、年上の先生である私に対して、年下の生徒であるXさんが「あなた」を使うことはできないのである。

なぜできないのかといえば、つねにニュートラルである英語の you とは違って、日本語の二人称（「あなた」「おまえ」「君」「あんた」「てめえ」「きさま」など）は、話し手（自分）の聞き手（相手）に対するなんらかの「心的態度」を必ず表現してしまうからである。

そして話し言葉で「あなた」を使ってしまうと、そこには、相手を少し突き放すような心的態度、あるいは少し下にみるような心的態度が、必ず表現されてしまう。したがって年下の生徒が、年上の先生に「あなた」を利用すると、そこに大きな違和感が生じてしまうのである。

日本語というのは、まあなんとメンドくさい言語なのか、とお思いの方もいるだろう。そのとおりである。日本語という言語は、世界の諸言語のなかでも人間関係を最も重視する言語のひとつであり、その人間関係を厳密な言語的規則のもとに表現しなければならない言語なのである。

言語の規則には、言語そのものを対象とするもののほかに、その言語を使う人間の心の働きを対象とするものがある。そして人間の心の働きというのは、その人間が生きている社会のあり方に大きな影響を受ける。すなわち、広い意味での「文法」とは、言葉の仕組みだけではなく人間の心の仕組みや社会の仕組みまでを幅広く対象とするものなのである。

日本語には日本語としての広い意味の「文法」があるのと同様に、英語には英語としての広い意味での「文法」がある。そしてその日英の「文法」の両方を深く理解し、それを十分に使いこなせるようになれば、これまでの日本人には見えなかった新たな世界が見えてくるのだ。

二回目の大学生

早稲田に学士入学

話をもとに戻そう。さて勉強をしなおすために大学生に戻ることを決めたのはいいとして、問題はどこに入りなおすかである。まず「言葉」について勉強したいのであるから文学部がよいと考えた。つぎに大学の学部か大学院かを考えたが、基本からやりなおすのだから学部がよいと考えた。といっても一般教養課程をやりなおす必要はないので専門課程からがよいと判断した。これには三年生から入りなおせる「学士入学」という制度があるので、それを利用することにした。

ということで「学士入学」制度を持っている文学部を探したところ、いくつか見つかった。そのなかから、山梨県にある都留文科大学の国文科と早稲田大学の第一文学部仏文専攻の学士入学試験を受験することにした。私なりの情報収集をして、このふたつが私には合っていると判断したからである。なお都留文科大学は国文科、早稲田大学は仏文専攻と専攻分野が違っているが、私としては日本語も英語もフランス語も含めて「ことのはの世界」を総合的に勉強したかったので、表面的な専攻分野についてはどこでもよかった。

なぜ都留文科大学だったかというと、まず公立大学なので学費が安かった。田舎にあるので生活費も安いだろうから、二年間経済的な心配をせずに集中して勉強ができるだろうとも考えた。調べたかぎりでは学風もとてもよさそうだった。

早稲田については、すでに経験済みの「おおらかさ」が一番の魅力だと考えた。また早稲田という大学は自分から動こうとしなければ何もしてくれないところだが、自分から何かをしようとすればすべてを与えてくれるところでもある。外国語を勉強しようとする場合には、ふつうの外国語だけではなくアイヌ語さえも学ぶことができる。実際、私はアイヌ語を早稲田で少しだが習った。叩かないかぎり何の役にも立たないが強く叩けば叩くほど大きな音の鳴る巨大な太鼓。それが早稲田という大学である。

ただ早稲田は私学なので学費が高いのが難点だった。三井物産での三年間の貯金だけで学費と生活費がまかなえるかどうかが心配だった。勉強に集中したかったのでアルバイトは避けたかったのだ。

ところが実際には、結局のところお金に困っておこなった翻訳のアルバイトがその後の仕事へとつながっていくのだから、人生というのは本当にわからない。

両方を受験してどちらも受かったが、最終的には早稲田を選んだ。決め手となったのは、面接の際の、将来に関する私の答えに対する面接委員の反応だった。

どちらの大学の面接でも卒業後はどうするのかという質問を受けた。そこで私は、おおよそ次のような答えをしたと思う。

「どんな道に進むのかは、まったくわかりません。目の前は、まっくらです。とりあえず二年間だけ、勉強してみます」

都留文科大の面接委員は、この答えを聞いて、卒業後にはいろいろな選択肢があることを親身になって話してくれた。いい人だった。

一方、早稲田の面接委員はこの答えをきくと、ニヤッとわらって、こういった。

「まあ、それもあり、ですかな」

こうして、私は早稲田大学第一文学部仏文専攻に学士入学をした。二十六歳の大学三年生となったのである。

勉強ざんまいの日々

入ってみると、早稲田の文学部は予想以上に良いところだった。まず先生がいい。どの先生の講義も独創的であり、かつ非常に面白かった。つぎに学生がいい。特に仏文専攻の学生はどこかマイナーでひねくれていて、でもそれなりに勉強熱心で、気に入った。

といっても私自身は他の学生と交流をするつもりはなく、まわりの学生とはまったく話をしなかった。勉強をするつもりで大学に戻ったのだから、それだけに集中しようと思っていた。

実際のところ文学部での二年間は勉強ざんまいの日々だった。朝起きてから寝るまで、たとえ食事をしているときでも、ずっと勉強をしていた。寝ているときにもヘッドフォンでフランス語や英語のカセットテープを聞いていた。なにしろ集中して勉強ができるのは二年間だけである。それ以上は経済的に不可能だ。一秒たりとも無駄にはできないと思っていた。

大学のほかにはフランス語を学ぶために飯田橋にある日仏学院にも通った（個人レッスンを受けていたデンマーク人女性は、御主人の転勤で日本を去っていた）。真のフランス文化の一端に触れられたこと、とても魅力的なフランス人たちに出会えたという意味で日仏学院での勉強はとてもよい経験になった。

授業にはすべて出席した。一番前の席にすわって自分なりのノートをとり、それを家で復習した。一年が終わってみると成績はすべて「優」だった。なるほど、きちんと勉強すると早稲田の先生はきちんと「優」をくれるものなのだなあと、妙な感心をした。ただ成績については興味がなかった。問題は自分がどの程度の本物の力を身につけられるのかである。それは他人ではなく自分自身が一番よくわかることである。

重要な「気づき」

一年間の集中的な勉強を終えて私はいくつかの重要な「気づき」を得た。

第一の「気づき」は勉強には体力が必要だということである。「週七日、二十四時間体制」の勉強を一年間続けた結果、私は体力的にかなり消耗している自分に気づいた。なるほど勉強は（体力のある）若いうちにするものだというのはこういうことなのかと思った。

第二の「気づき」は、世の中に通用する何らかの知的な能力を身につけるには一年では短すぎるが十年はかからない、ということだった。一般的に学者になるには二十代前半に修士課程二年、博士課程三年の計五年間の知的訓練を受ける必要があるのだが、これはなかなか理にかなっているとも思った。

第三の「気づき」は——そしてこれが私にとっては最も重要な気づきだったのだが——自

分自身の知的能力の客観的な把握だった。

自分なりの能力フルパワー発動である一年間の集中学習から見えてきたのは、自分の知的能力の限界がどこにあるのかということだった。それは一年間頑張ってもここまでしか到達できないという気づきであると同時に、一年間頑張ればここまでは到達できるという気づきでもあった。

自分の能力の限界を客観的に知ることは人生にとって非常に意味が大きい。なぜなら、自分の能力を過大評価して、できもしない無謀な選択をすることが避けられると同時に、自分の能力を過小評価して、できるのに挑戦をしないという残念な選択も避けられるからである。

私の場合には、一年間のフルパワー学習を通じて、その後に知的分野の仕事を選択することに対する自信がついた。パワー全開の学習が生み出した知的成果の量から判断して、他者を大きく上回る知的才能が自分に備わっていないことがあらためて明白となった。しかしそれと同時に、知的分野での仕事人としてそれなりの世渡りはしていけるだけの知的潜在能力が自分のなかにあるという事実を信じられるようにもなったのである。それまでの私には、自分には知的職業につくだけの潜在的な能力がないのではないかとの不安があった。それがふっきれたのである。

フルパワーを発動せよ

いつの時代であっても、ほとんどの若い人は自分の潜在能力に対する不安に苦しめられているのではないだろうか。「人間には無限の可能性がある」などという人もいるようだが、そんなはずがない。誰もが自分なりの器の大きさを持っていて、その大きさに合わせてそれぞれに生きていくしかない。また、それでよいのである。

問題は、その自分なりの器の大きさというものが簡単には見えないことである。私たちはときにそれを過大評価し、ときにそれを過小評価する。特に若いあいだは、その両極端を揺れ動くことが多いようである。

この不安を解決する最良の方法としてお奨めしたいのが、とりあえず一年でもいいから、その対象分野にフルパワーで取り組んでみるというものである。ただしこの場合、必ずフルパワー発動での取り組み、つまり本当の本気でなければならない。

なにごとも一定期間にわたってフルパワーで取り組めば、その分野における自分の能力の限界が明確に見えてくる。その客観的な認識をベースにして今後の進路の判断をすればよい。そうすれば、その分野に進むにしろ進まないにしろ、後悔をしなくて済むだろう。後悔をしなくて済むということは、成功するかどうかということ以上に、人生にとって大切なことである。

対象分野にフルパワー発動で取り組んでみる、すなわち本当の本気で取り組んでみる、というこの方法論は、仕事選びだけではなく、あらゆることに通用する原理原則であると私は考える。本当の本気で取り組めば、進むべき方向は、おのずとから見えてくるものである。そしてそれ以上に大切なことは、自分自身に対する本当の自信が生まれてくるということである。

英語の勉強でも、同じことがいえる。空いた時間を利用して少しずつ英語の学習を積み上げていくというのは、現実的にはかなり非効率な勉強方法ではないだろうか。特に語学学習の場合には、「週七日、二十四時間」のフルパワー集中勉強が細切れの学習よりもはるかに効率的であると思う。そしてそれ以上に大切なのは、それによって英語に対する本当の意味の自信を得られることである。

英語の習得を本気で考えられている人には、状況が許すかぎり、本当の本気での「フルパワー英語勉強漬け」の時期を体験されることをお奨めする。英語ネイティブ国にわざわざいく必要はない。山奥や自室にひきこもっての集中勉強でも十分な効果を得ることができる。

そのことは、私のように海外にほとんどいったことのない英語の専門家が現実に存在することからも実証済みである。

翻訳との出会い

二回目の大学生として迎えた二年目に、その後の進路を決める大きな出来事が起こった。ひとつは翻訳との出会い、もうひとつは英語教育への目覚めである。まずは翻訳との出会いから話すことにしよう。

二回目の大学生の二年目に入っても私の「週七日、二十四時間」の集中勉強体制は続いていた。だが問題が起こった。入学前に心配していたように、お金が足りなくなってきたのだ。学費を払い込んだ後の預金通帳をみると、二年目に入ったばかりだというのに、すでにかなり厳しい状況になっていた。

結論としてはアルバイトをするしかない。といってもアルバイトのために勉強時間を減らすことはできるかぎり避けたい。良い方策はないものか。

そんなとき、ある人から紹介されたのが「下訳」のアルバイトだった。「下訳」（したやく）とは、翻訳をする際に原稿の草案としての大まかな訳をつけることである一九八〇（昭和五十五）年当時、「ハーレクインロマンス」という主婦向けの翻訳恋愛娯楽小説シリーズが大ヒットをしていた。その二匹目のドジョウとしてサンリオが計画したのが「シルエットロマンス」という新たな翻訳恋愛娯楽小説シリーズものであった。

ちなみに当時大ヒットをとばした「シルエットロマンス」（来生えつこ作詞、来生たかお作曲、大橋純子歌）という歌は、このシリーズのイメージソングとしてつくられたものである。

「ハーレクイン」と同様に「シルエット」は毎月五冊ずつを次々と発刊していくシステムとなっていた。年間にすると六十冊という膨大な数である。そのため既存の翻訳者だけではすべての翻訳の作業がこなせない。仕方がないので、私のような学生にまず下訳をさせたうえで翻訳者たちが最終原稿を仕上げていくという方式を採用したようである。恋愛小説といっても主婦たちが暇な時間に読み捨てる娯楽ものであるから、厳密な意味での翻訳は必要ない、娯楽読み物として面白いかどうかがすべてというのが編集部の考え方だったのだろう。

さっそく編集担当者から話をうかがってみると、一冊の下訳をするだけで、なんと数十万円のお金がいただけるという。英語を読み、それを日本語にするだけで、学生としては破格の高額収入を得ることができるのだ。これこそまさに私が探し求めていたアルバイトである。もちろん私は話を聞き終えると同時に「やらせてください」といった。

ここで「シルエットロマンス」の内容をご紹介すると、たとえば私が下訳をした最初のものは、アメリカ女性がギリシャのエーゲ海を旅行中に魅力たっぷりのギリシャ男性に出会って恋に落ちるというお話だったと覚えている。二本目は、アメリカの北部の女性がフロリダ旅行をしているときに野性的な南部の男性に出会って恋に落ちる、といったような話であった。

いずれもライバルの女性が設定されていて三角関係になるのだが、最後には男性が主人公の女性を愛していることがわかってハッピーエンドになるという筋書きである。主婦向け娯楽小説なのできわどい濡れ場はなく、恋愛描写は背中に手をまわしてのキスまでと決まっていた。「ジェシカの背中に熱いものが走った」ぐらいが最大級のエロチック表現である。

当時はまだワープロのない時代だったので訳文は専用の原稿用紙に鉛筆で埋めていった。一冊の下訳を仕上げるのに一カ月以上かかった。重度の手首の腱鞘炎と肩こりには本当にまいった。

結局のところ私は三冊分の「シルエットロマンス」の下訳をした。そしてそのバイト代によって卒業までの生活費を捻出することができたのである。もしこの下訳アルバイトがなかったならば、私は二回目の大学生活を無事に終えることができなかったかもしれない。「ロマンス」さまさま、である。

翻訳は難しい、そして面白い

主婦向け恋愛娯楽小説の下訳のアルバイトは当面の生活費だけでなく、それ以上に大切なものを私に与えてくれた。翻訳という作業の難しさと面白さである。

たとえ下訳といえども日本語の文章をつくるのであるから、つくるかぎりは良い日本語文章をつくりたいと思うのは言葉好きの人間として当然である。ところが実際に翻訳作業をやってみると、そうはいかなかったのである。

それまでに会得していた英文和訳の技法を使ってひねりだした日本語訳文を読み返してみると、あきれるほどにひどかった。そこで無理やりに書き直して日本語らしい日本語の文章にしようとするのだが、そうするとこんどは訳文が原文の英語からどんどんと離れていく。最後には翻訳というより創作に近いものになってしまうのである。

そんなことを繰り返しているうちに私は気づいた。英語を正確に日本語に訳すことなどそもそも不可能なのだ。

英語人と日本語人では、世界の捉え方、ものの考え方そのものが違っている。そのうえ英語と日本語とでは言語としての構造も本質的に異なっている。すなわち英語は英語であり日本語は日本語である。ゆえに、ふたつの言語のあいだを言語として完全に往来することはできないのである。

たとえば、夏目漱石が英語教師だったとき、

I love you.

を生徒に訳させたところ、その生徒が、

「我、君を愛す」

と訳したが、漱石は「日本人はそんなことをいわないから、『月がきれいですね』とでも訳しておきなさい」といった、という逸話が残されている。

漱石がそういったという文献や証拠はどこにも残っていないので実際にはこの逸話が本当かどうかはわからないが、こうした逸話が残っているということ自体、I love you. を「私は君を愛します」と訳すことが本当の翻訳になっていない証拠だろう。

『不思議の国のアリス』の翻訳

英語を日本語には完全に翻訳できない別の例として『不思議の国のアリス』の翻訳につい

て考えてみよう。

ご存知ルイス・キャロルの『不思議の国のアリス』は世界中で膨大な数の翻訳本が出版されており、日本でもこれまでに三桁に達する翻訳がおこなわれている。

以下の場面は、アリスがチョッキを着たウサギのあとを追いかけているうちに、縦穴に落っこちてしまったところである。原文と三つの訳文をご紹介する。なお原文については無理して読まなくても大丈夫である。

Down, down, down. There was nothing else to do, so Alice soon began talking again. 'Dinah'll miss me very much tonight, I should think!' (Dinah was the cat.) 'I hope they'll remember her saucer of milk at teatime. Dinah my dear! I wish you were down here with me! There are no mice in the air, I'm afraid, but you might catch a bat, and that's very like a mouse, you know. But do cats eat bats, I wonder?' And here Alice began to get rather sleepy, and went on saying to herself, in a dreamy sort of way, 'Do cats eat bats? Do cats eat bats?' and sometimes, 'Do bats eat cats?' for, you see, as she couldn't answer either question, it didn't much matter which way she put it.

（一）

下へ、下へ、また下へ。ほかにすることがないので、アリスはじきにまたしゃべり出した。「今夜はダイナが寂しがるわ、あたしがいないって！」（ダイナとは猫の名）「お茶の時間にはいつものソーサーでミルクをもらうと思うけれど。ダイナったら、ほんとに可愛いんだもの！　いっしょにここに落っこちてくるとよかったのに！　鼠さんは飛んでないけれど、蝙蝠さんなら捕まえられるかもしれないし、蝙蝠さんは鼠さんに似てるじゃないの。でも猫は蝙蝠を食べるのだったかしら？」ここまでしゃべっているうちにアリスはかなり眠くなってきて、それから先は夢でもみているみたいにひとりごちた。「猫は蝙蝠を食べる？　猫は蝙蝠を食べる？」それがときどき「蝙蝠は猫を食べる？」になったが、どっちにしろ答えがわからないので、どっちの言い方をしてもさほど違いはないのだ。

（『不思議の国のアリス』、ルイス・キャロル、柳瀬尚紀訳、ちくま文庫、pp.14-15）

（二）

下へ、下へ、下へ。ほかに何もすることがなかったので、アリスはまたおしゃべりをはじめました。「今夜、あたしが帰らないと、ダイナがさびしがるでしょうね！」（ダイナというのは、ネコでした。）「お茶の時間にダイナのお皿にミルクを入れるのを、みんなが忘れないといいけど。ああ、ダイナ！　おまえもいっしょだといいのにねえ！　空中にはネズミはいないでしょうけど、コウモリならつかまえられるかも知れないわ。ほら、コウモリって、ネズミにそっくりだもの。だけど、ネコはコウモリを食べるかしら？」アリスはちょっと眠くなってきて、半分うとうとしながら、「ネコ、コウモリ、食べるかしら？　ネコ、コウモリは食べるかしら？」と、ひとりごとを言いつづけました。くりかえしているうちに、ときどき「ネコをコウモリは食べるかしら？」と言ってしまったりもしましたが、どっちみち答えは出せないのですから、どっちがどっちになっても、たいしたちがいはありませんでした。

（『不思議の国のアリス』、ルイス・キャロル、脇明子訳、岩波少年文庫、pp.17-18）

（三）

下へ。下へ。下へ。まだ落ちてゆきます。アリスはほかにすることがないので、またすぐにおしゃべりをはじめました。

「ダイナは今夜、あたしがいなくて、ずいぶんさびしがるでしょうね。」（ダイナというのはね、ネコの名まえなのです。）「だれか覚えてて、お茶の時間にミルクをやってくれるといいんだけど。ねえ、ダイナや。おまえもあたしといっしょにくればよかったのよ。空中にはネズミはいないけど、コウモリをとればいい、コウモリはネズミによく似てるでしょ。でも、ネコはコウモリを食べるかしら――」

アリスはしゃべっているうちに、だいぶ眠くなってきました。それで、はんぶん眠りながら、

「ネコはコウモリを食べるかしら、――ネコはコウモリを食べるかしら――」

とひとりごとをつづけ、ときには、「ネコをコウモリは食べるかしら」といってしまったりしましたが、でもね、アリスにはどうせ答えがわからないのですから、どっちをいおうと同じようなものでした。

（『不思議の国のアリス』、ルイス・キャロル、芹生一訳、偕成社文庫、pp.14-15）

まず、出だしの、

Down, down, down.

からみてみよう。

三つの訳ともに「下へ、下へ、（また）下へ」となっている。だがDown, down, downという表現でルイス・キャロルが第一に表現したかったのは、この英語の「音のつらなり」が持つイメージのおもしろさであるはずだ。

まず[d]といういきわめて強い有声硬口蓋破裂音がある。それにつづいて[au]という開口から閉口へとつらなる二重母音がある。それを三つ連続してつなげることで、どんどんと落下していくというイメージを音によって表現しようとしたのである。つまりこの表現は半分オノマトペだといっても過言ではない。

ところが訳文をみてみると「下へ、下へ、下へ」である。大名行列じゃあるまいし、これではDown, down, downの「おと」の翻訳とはとても呼べないだろう。

さてもうひとつの問題である。こっちの問題はさらに穴が深い、いや、根が深い。

穴を落ちていきながらアリスは飼い猫のことを思い出し、そしてネズミとコウモリが似ているという事実からネズミを食べる猫ならばコウモリも食べるのではないかと連想する。へんな子である。そして、

'Do cats eat bats? Do cats eat bats?' and sometimes, 'Do bats eat cats?'

とつぶやくのである。
これはみてのとおり、cat [kæt] と bat [bæt] の「おとあそび」である。そしておそらくは広義の「ネズミ」が mouse のほかに rat [ræt] という「おと」も持っていることがその背景にはあるだろう。
さらには、
Cats eat bats.
Bats eat cats.
というSVOというシンメトリカルな英語構造の特性も利用していると考えられる。
すなわちこの「おとあそび」の面白さは英語でしか表現ができないものなのである。
ではそれを既存の翻訳がどのように処理しているのかといえば、次のようになっている。

（一）
ここまでしゃべっているうちにアリスはかなり眠くなってきて、それから先は夢でもみているみたいにひとりごちた。「猫は蝙蝠を食べる？　猫は蝙蝠を食べる？」それがときどき「蝙蝠は猫を食べる？」になったが、どっちにしろ答えがわからないので、どっちの言い方をしてもさほど違いはないのだ。

（二）

アリスはちょっと眠くなってきて、半分うとうとしながら、「ネコ、コウモリ、食べるかしら？　ネコ、コウモリは食べるかしら？」と、ひとりごとを言いつづけました。くりかえしているうちに、ときどき「ネコをコウモリは食べるかしら？」と言ってしまったりもしましたが、どっちみち答えは出せないのですから、どっちがどっちになっても、たいしたちがいはありませんでした。

（三）

アリスはしゃべっているうちに、だいぶ眠くなってきました。それで、はんぶん眠りながら、

「ネコはコウモリを食べるかしら、——ネコはコウモリを食べるかしら——」とひとりごとをつづけ、ときには、「ネコをコウモリは食べるかしら」といってしまったりしましたが、でもね、アリスにはどうせ答えがわからないのですから、どっちをいお

うと同じようなものでした。

これでは、「おとあそび」どころの話ではないだろう。そもそも、何をいってるのかがよくわからない。猫は蝙蝠を食べる、蝙蝠は猫を食べるって、なんだ、そりゃ？

『不思議の国のアリス』には、cat と bat のような「ことばあそび」が盛りだくさんに使われている。そしてその「ことばあそび」こそが、この「アリス」というお話の最大の魅力のひとつなのである。

ところが既存の翻訳では「ことばあそび」の魅力がほとんど訳されていない。それどころか意味不明の日本語へと移されてしまっているのである。

究極をいってしまえば「アリス」の翻訳本を読んだからといって「アリス」を本当に読んだことにはならない。「アリス」の魅力をすべて翻訳することは本質的にできないのだから、英語で読まないかぎり「アリス」は本当に読んだことにはならないのである。

「心の翻訳」研究をスタート

ただしここで気をつけてもらいたいのは、二言語間での「翻訳」は究極的に考えれば不可能ではあるが、だからといって二言語間の翻訳が完全に不可能であるということではない、ということである。

すべての人間は同じ人類であって、誰もが手が二本、足が二本、目がふたつ、耳がふたつの体を持っている。ほぼ同じように雑食性であり、ほぼ同じような運動能力を持っている。であるから、世界の捉え方とその表現方法が、たとえば日本語人と英語人とのあいだで完璧に異なるということはあり得ない。

さらには近代に入って世界の文明間の距離が大きく縮まったことで文化や文明による世界の捉え方や表現の仕方の差異もかなり小さくなってきている。したがってcatを「ネコ」と訳して、eatを「食べる」と訳しても完全な間違いとはいえないのである。

問題は、それが完全な間違いではないとしても、それが完全な正解でもないという点にある。たしかにI love you. を「我、君を愛す」と訳すのは納得がいかないだろう。しかしだからといって「月がきれいですね」と訳すのにも多くの人は納得がいかないはずだ。さらには「私はあなたを愛しています」にも、ある程度の翻訳としての価値があると考えられる。

「アリス」のなかで、Do cats eat bats? を「猫は蝙蝠を食べる?」と訳すことはバカバカしいとは誰もがわかっているはずである。だが、それが完全に間違いとはいえないし、ではその代わりにどのように訳せばよいのかというと、なかなか妙案は出てこないものである（妙案があれば、教えてほしい）。

主婦向け恋愛娯楽小説の下訳をしながら、私はこう思った。

いったい日本語の世界と英語の世界とは何がどのようにつながっていて、何がどのようにつながっていないのか。もしつながっているとすれば、どのような理論と技法を用いれば極端に異なるふたつの世界を往来できるのか。すなわち「翻訳」は可能となるのか。

これが私のライフワークである「心の翻訳」研究のはじまりであった。二十代にスタートしたこの研究は、それから三十数年後にそれなりのかたちへとまとまっていくのだが、それはこのあと、折に触れて説明をしていくことにしよう。

英語教育研究に目覚める

英語教育の改革者になれる!?

二回目の大学生に戻るとき、私は中高の教員免許をとることを決めていた。二年間の勉強期間を終えると、自分で稼いで生計をたてる道に戻らなければならない。その際に教員免許を持っていれば何かと役に立つのではないかと考えた。

当時の早稲田の文学部の仏文専攻ではフランス語の中高教員免許のほかに英語の中高教員免許も取得が可能だった。そこで実利性を考慮してフランス語ではなく英語の教員免許をとることにした。

ただそれには文学部ではなく教育学部で英語教授法の授業を受けなければならない。そしてそれを受けると一年間に登録できる科目数の限度を超過してしまう。つまり二年間では英語の英語教員免許をとりつつ卒業をすることができない。これには困った。

そこで一年間に登録できる科目数を特別に増やしてもらうように文学部にお願いすることにした。そのための面接を受けて面接委員に事情を説明したところ、面接委員はこころよく許可してくれた。ここでも早稲田の「おおらかさ」が私を救ってくれたのである。こうして私は教育学部でも授業を受けることになった。

教育学部の英語教授法の授業は、期待はずれだった。講義ではダイレクト・メソッド、オーラル・メソッド、コミュニカティブ・アプローチといった英米でつくりだされた英語教授法が次々と紹介されていった。だがそれだけである。

既存の学説の解説など本の数冊も読めばわかる。そうではなく私が求めていたのは、一人一人の先生から生まれ出てくる独自の知的達成物である。それが文学部の先生方からはたしかに感じられた。だがこの教育学部の先生からは感じられない。これには落胆した。

同時に、たいへんなことに気づいた。早稲田はまがりなりにも日本の知性を代表する教育機関のひとつである。そこでこうした英語教授法の講義がまかり通っている。とすれば、その他の大学の英語教授法の講義もそれほど変わらないのではないか。

これはなんとかしなければならないと思った。と同時に、この状況を変えられるのは自分ではないかと思った。まあずいぶんと大きく出たものだなあ、と読みながら苦笑している方もいるかもしれない。そのとおりだが、しかし実際にそう思ったのだから仕方がない。

その結果、たとえば高校教師をしながら英語教育研究をやっていくという人生のあり方もあるのかな、などと思ってしまった。あとから考えると、これは高校教師という職業の倫理性と重要性を軽視した、あまりに軽々しい考えだったのだが。

コラム　新しい英語の学び方

英語の「名詞」とは

私は従来の日本の英語教育のあり方に批判的である。根本からひっくり返さなければならないと考えている。このコラムでは従来の英語教育をどのように変えるべきかの一部を説明する。

まず、英語の「名詞」を例にとって説明していくことにしよう。以下の、ある学校英文法の参考書の一文をお読みいただきたい。

名詞　人や物事の名を表わす。数えられる名詞と数えられない名詞があり、主語、目的語、補語になる。数えられる名詞には複数形がある。

（『総合英語フォレスト』第六版、桐原書店、p.11）

英語学習者がこの説明文を普通に読めば、英語には「名詞」という種類の語があると思うことだろう。

この理解は根本的に間違いである。こうした間違った理解をしてしまうと、英語の本質がたちまち見えなくなってしまう。

たとえば中学生や高校生に「water の品詞は、なに?」と尋ねるとする。ほとんどが「名詞」と答えるに違いない。これは間違いである。

たしかに water は「名詞」としても使えるが、そのほかに「動詞」(「水をやる」など)としても使うことができる。さらには「形容詞」としても使うことができる。疑うのなら英和辞書をみてほしい。さらに多くの例が出ているはずだ。

英語の「語」(word)とは「名詞」「動詞」「形容詞」「前置詞」とイコール関係なのではない。実際にあるのは、それぞれの語が持っている「用法」(名詞用法、動詞用法、形容詞用法、前置詞用法、他)である。

いくつかの語が持っている「用法」をみてみよう。

◇water は、名詞用法のほかに、動詞用法と形容詞用法を持っている。
◇out は、副詞用法、前置詞用法、形容詞用法、名詞用法を持っている。
◇round は、形容詞用法、動詞用法、副詞用法、名詞用法、前置詞用法を持っている。

◇fromという語は、前置詞用法しか持っていない。

このように語によって範囲は異なるものの英語の「語」の多くは複数の「用法」を持っているのである。

これに対して日本語の「語」とは「名詞」「動詞」「形容詞」等の品詞とイコールである。名詞は名詞としてのかたちを持ち動詞は動詞としてのかたちを持つ。「水」という名詞が「水る」とか「水った」といった動詞活用をすることはない。ゆえに、ひとつの語が複数の「品詞（用法）」を持つことはない。

英語の「語」が複数の品詞用法を持つのに対して日本語の「語」は必ずひとつの品詞である――このような、英語と日本語の「語」の根本的な概念の違いこそ、文法教育で最初に教えるべきことである。その違いを知らないと、water イコール「水」、out イコール「外に」のように英語の語と日本語の語の一対一対応を無意識のうちにしてしまう。それをすると、英語は英語として理解できなくなる。

ゆえに英語教師は生徒に対して次のように説明をするべきである。

一般的に英語の「word」は「名詞」「動詞」「形容詞」といったさまざまな文法的な用法を併せ持っています。たとえば water は名詞のほかに動詞としても形容詞としても使われます。このようにいくつもの用法を併せ持っていることが英語の「word」と日本語の「語」との根本的な違いです。

これに続けて、さまざまな word の例を挙げて詳しく説明すればよい。そうすれば英語の語彙の機能や意味が形態ではなく構文で決定されるという英語の根幹的な特徴への気づきにもつながっていくだろう。

英語の word が複数の品詞用法を持つことがわかれば、英語の本質が見えてくるだけでなく、英語の表現力も大きく向上する。ひとつの word が幾通りにも使えるようになるからである。

たとえば water が名詞だけでなく動詞にも使えることがわかると「花に水をやる」といいたいときに、

I water the flowers.（花に水をやる）

という表現が使えるようになる。そのほかにも、たとえばmilk, dog, chair, stone, shopなどといった名詞と思っていたwordも次のように動詞や副詞として用いることができるようになる。

I milked information from him.（私は彼から情報を引き出した）
The police dogged the suspect.（警察は容疑者のあとを追った）
She chairs the committee.（彼女は委員会の議長を務めている）
He is stone drunk.（彼はすっかりよっぱらっている）

興味がわいた人は、ぜひ辞書をみていただきたい。これまで名詞、動詞、前置詞と思っていた多くのwordが、じつはその他の品詞にも使えることがわかるはずだ。それがわかれば、あなたの英語の表現力はぐんと広がることになるだろう。

続いて参考書の説明文のなかにある「可算名詞」「不可算名詞」の説明文をみてみよう。

数えられる名詞と数えられない名詞があり、（略）数えられる名詞には複数形がある。

これもウソである。英語の語に数えられる名詞と数えられない名詞の二種類があるのではない。こんなことを教えられると多くの英語学習者がmanは数えられる名詞であってwaterは数えられない名詞である、といった根本的に間違った理解をしてしまう可能性が高い。

そうではない。manもwaterも、話し手・書き手が数えられるものと認識していれば数えられるし、数えられないものと認識していれば数えられない。数えられるか数えられないかというのは人間の認識のあり方が決めることであって、客観的にみてどうのということではない。

であるから、もし話し手・書き手が心のなかでmanを数えられないものとして認識しているならば、manは数えられないものとして用いられる。以下の例のとおりだ。

Man is mortal.（人はかならず死ぬ）

一方で、もし話し手・書き手が心のなかでwaterを数えられるものと認識しているならばwaterは数えられるものとして用いられる。以下の例のとおりである。

There are many waters on the road.（その道には水たまりが多い）

一部の例外をのぞけば世界の多くの「もの（名詞）」は数えられると認識することもできるし、数えられないと認識することもできる。ゆえに「名詞には数えられる名詞と数えられない名詞がある」という説明はまっかなウソである。

英語の名詞の可算性、不可算性について説明をするならば、たとえば次のようにすればよい。

英語では、「もの」を認識する場合に、それを数えられるか数えられないかという観点から区分します。これは日本語ではおこなわれない世界の捉え方です。

たとえばwater（水）は物理的にみれば数えられないように思えますが、英語ではこれを数えられるものとして認識することもできます。たとえば「水たまり」は数えられると認識できますね。その場合、英語では単数ではa water、複数ではwaters

というように表されます。数えられないと認識すればwaterと丸裸のまま表されます。

一方man（人間）は物理的にみれば数えられるに決まっています。一人二人と数えられないんじゃ困りますね。しかし英語ではmanも数えられないものとして認識することができます、「人間というもの」というような意味です。

人間だけでなく英語の世界ではさまざまな「もの」を数えられないものとして認識することができます。たとえばfish（魚）やsheep（ひつじ）も数えられないと認識することができます。日本語の世界に住む私たちには奇妙な感じがしますが、英語の世界に住む人たちにとっては、このように「もの」を数えられるか数えられないかという区分でつねに認識し分けることは当たり前であり、無意識のうちにおこなっているのです。

ある「もの」を数えられると認識した場合には、その表現のことを「可算名詞」用法と呼びます。数えられないと認識した場合は、「不可算」名詞用法と呼びます。

こうした説明の後にいくつもの例を挙げたり演習問題をしたりして、学習者の理解を深めるようにすればよいだろう。なにしろ可算・不可算の認識というのは日本語の世界にはないものである。丁寧に説明して訓練を繰り返し学習者の脳内にしっかりと定着させることが重要である。

英語の the とは

ここからは英語の名詞用法のことを考える最後の例として the とは何かについての説明をする。

the は「決定詞（determiner）」のひとつである。具体的にいうと the の後にくる語はすべて名詞（用法）と決定される。

名詞の前に the がくるのではない。the の後にくるのが名詞（用法）である。であるから the の後に何がやってきても（たとえ I がきても off がきても do がきても can がきても）それらはすべて名詞（用法）である。

the を使うのはどういうときなのか。それは、話し手・書き手がこれから表現したいと思っているものが自分だけではなく相手（聞き手・話し手）もよく知っているものだと判断したときである。

であるから、日本語で the の意味を敢えて表現するとすれば「ほら、あの例の」である。

たとえば、話し手が、

I read the book.（本を読んだ）

と、聞き手にいったとしよう。この場合の the book は、話し手も聞き手もすでに知っている「（あの例の）本」である。

そうではなくて、なんの背景もなく突然に話し手が聞き手にこんなふうにいったとすれば、聞き手は「えっ？ the book（あの例の本）って、なに？」と、とまどってしまうことだろう。

以上からわかることは I read the book. での the の使い方が「正しい」「正しくない」といった議論には意味がないということである。重要なことは、話し手・書き手が the に伴う感覚を正しく認識したうえで、この言葉を話したり書いたりしているかどうかにある。

自分も相手もわかっている「既知」だと思えば the を用いる。そうではない「未知」と思えば the は用いない――日本人英語学習者にとって the に関する最重要ポイントはこれだけである。それ以外のことはそれほど深刻に気にすることではない。

そもそも英語の the が完璧に使いこなせる英語ノンネイティブなどいない。日本人だけでなくフランス人もロシア人も中国人もみんな英語の the の使い方には手を焼いている。そのぐらいやっかいなものなのであるから、私たち日本人英語学習者が the の使い方を少しぐらい間違ったからといってがっかりすることはない。「既知」のことは the とともに表現するということがわかっていて、それをある程度うまく使いこなせるのであれば、「第二言語としてのグローバル英語」の使い手としては十分である。

英語の「もの」認識表現

ここまでみてきたことをベースにして英語の世界での「もの」に対する認識と表現とあり方をまとめてみよう。以下に述べるのは私の研究から導き出されたものである。

特定・不特定、可算・不可算、単数・複数

私の研究によると英語の何かを「もの」として認識するとき英語人は三回の判断を必ずおこなっている。「必ず」というところがミソである。

第一が「そのものについて自分も相手もすでに知っているのか、知っていないのか」という「特定・不特定」の判断である。

第二が「そのものは数えられるのか、数えられないのか」という「可算・不可算」の判断である。

そして第三が「もし数えられるとすれば、それはひとつなのか、二つ以上なのか」という「単数・複数」の判断である。

英語の認識ではこの三つの判断をおこなわないで書き手・話し手が「もの」を表現することはできない。また読み手・聞き手が英語を理解する際にも必ずこの三つの認識判断を通して理解をしている。

したがって、たとえ日本人が話したり書いたりする英語であっても、それが英語であるかぎり「もの」についてはこの三つの認識判断が必ずそこに表現されているのである。

その三つの認識判断をまとめると次のようになる。

第一認識「特定・不特定」

英語の名詞における第一の認識は「特定・不特定」である。「特定・不特定」とは言葉の送り手（話し手・書き手）からみてその名詞を特定できるものとして認識しているか、特定できないものとして認識しているかという区分である。

特定できると認識した場合にはtheで表現する。特定できないものと認識した場合にはtheは用いない。このことは先のI read the book.の考察でみたとおりだ。

第二認識「可算・不可算」

第二の認識は「可算・不可算」という区分である。つまり数えられるか数えられないかということだ。

たとえば「私には白髪がある」という内容を英語で表現したいとする。その際にI have white hair.とするのは間違いである。

私には白髪がある。

≠

I have white hair.

なぜなら hair という語を何もつけないで裸のままで用いると頭髪全体を示す表現、つまり「髪というもの」の意味になるからである。これではあなたは総白髪だということになってしまう。実際 white hair でグーグルの画像検索をしてみるとほとんどの画像が真っ白な頭髪の人々の画像である。白髪交じりの頭髪の画像は見当たらない。

総白髪ではなく少し白髪交じりであるということをいいたいのであれば、hair を可算（数えられる）名詞として用いなければならない。hair を数えられるものとして用いる場合には何もつけずに丸裸のままで用いるのではなく a hair, hairs, a few hairs などのかたちにする。

実際の英語センテンスとしては、たとえば I have a few white hairs. などがふさわしいだろう。

私には白髪がある。

≒

I have a few white hairs.

第三認識「単数・複数」

「特定・不特定」「可算・不可算」という順番に「もの」の認識判断をおこなったのち、話し手・書き手がその名詞を「可算」だと認識している場合には第三の認識判断として「単数・複数」の区別をする。「不可算」と認識している場合には単複の区別はしない。というよりも区別ができない。

単数・複数の区別はほとんどの人にとっておなじみのものだろうが、用例から考えてしまうと実際の区別において迷うことが多い。しかし用例の観点からではなく認識の観点から考えれば、書き手がひとつと認識しているときにはaをつけて、二つ以上だと認識しているときには複数形にすればよいだけの話である。ナーバスになる必要はない。

たとえば白髪のケースでは、もし白髪が一本だけならばa hair、複数あるのならばwhite hairsまたはa few white hairs、もっともっと数多くあるのならmany white hairsなどにすればよいのである。

I have white hairs.
I have some white hairs.

I have many white hairs

英語の名詞認識の三層逆ツリー図

ここまでの話を図にまとめると、以下のような英語の名詞認識の三層の逆ツリー図ができる。

「もの」に対する認識判断がシンプルな日本語では表現もまた「髪」という一語に集約される。だが「もの」に対して三回の認識判断が必ず必要である英語の構造をとおしてしまうと「もの」の表現は、the hairs, the hair, hairs, a hair, hair というように五つのかたちに分化する。

なぜ英語を含めた印欧語がこんなにも複雑な「もの」の認識判断をするのかについてはいろいろな仮説があるようだが、結局のところわかって

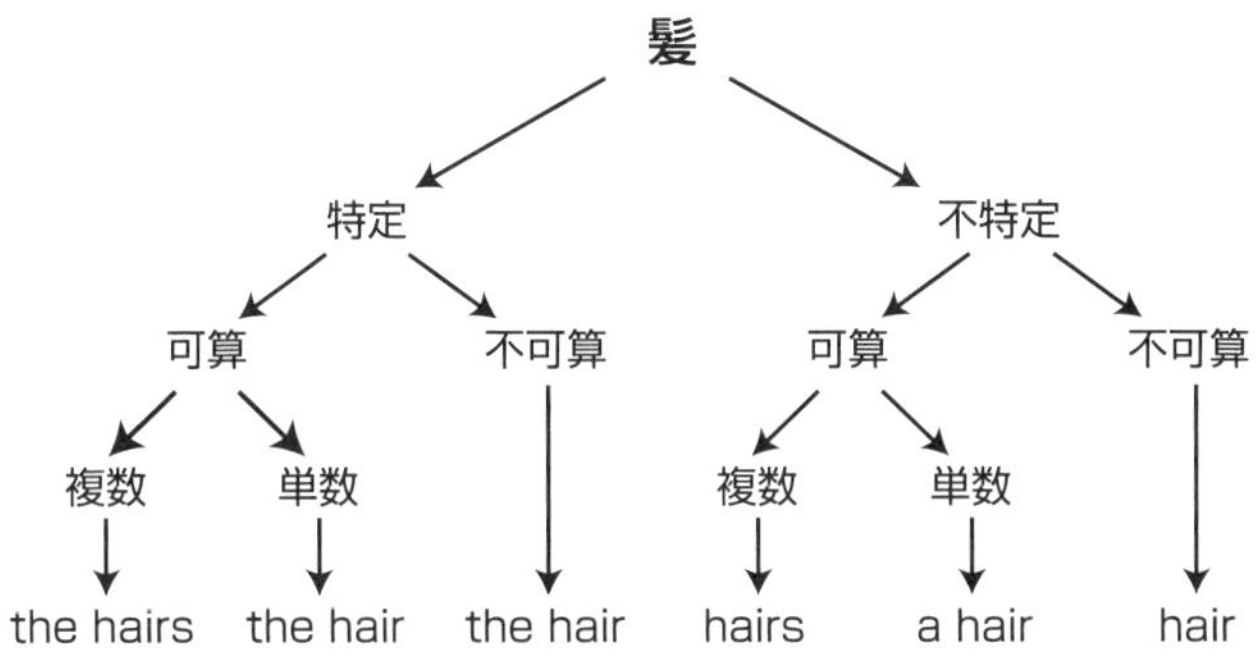

いない。言語のなかには「もの」について「男性」「中性」「女性」に分けてみたり、数を「ひとつ」「二つ」「三つ以上」に分けたりするものさえもある。

以下、英語の「もの」の認識判断の別の例として「デザイン」を挙げておこう。

ここでの「特定→可算→複数」の the designs は、書き手・話し手および読み手・書き手がすでに知っている具体的な複数の設計図や図案つまり「あの例のいくつかの設計図や図案」を示している。「不特定→不可算」の design は、「そもそもデザインというもの」という抽象的な概念である。

※なお「特定」「可算」「単数」と「特定」「不可算」のかたちが同一になっているのは、英語が「特定」「可算」「単数」に対して the a hair というかたちを許容しないからである。

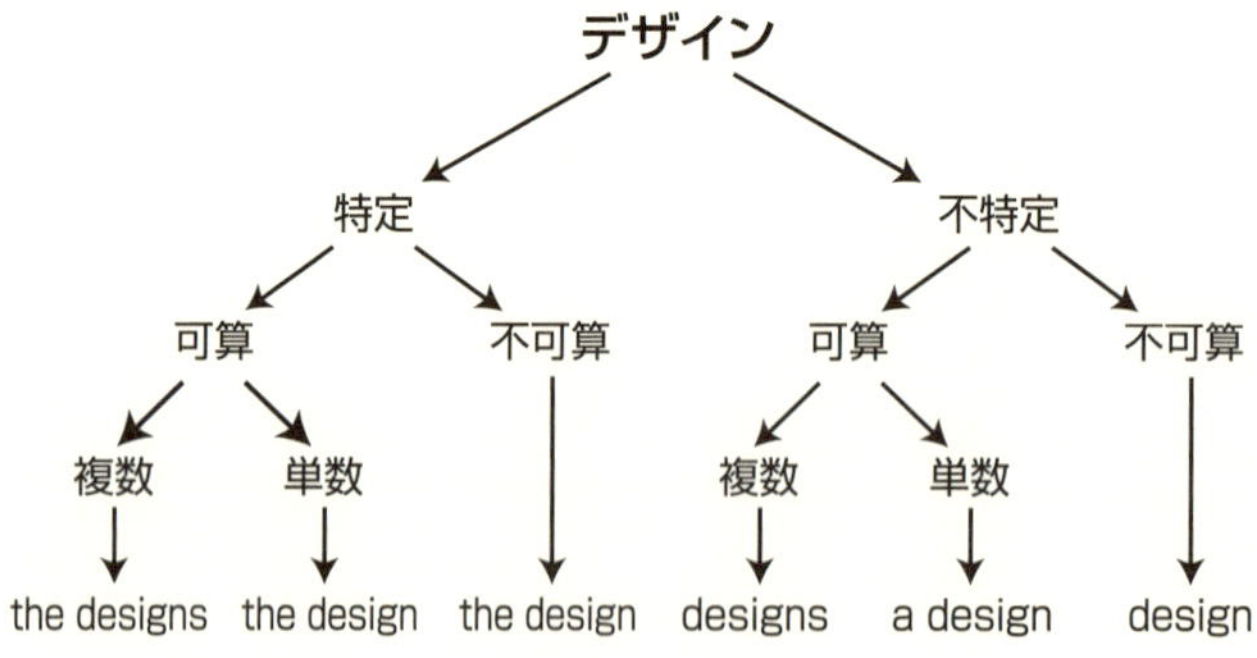

日本人による日本人のための英語教育を

ここまでの私の説明が学校英文法での説明と大きく異なっていることに驚かれた人も多いに違いない。なぜこれほどまでに異なっているかといえば、ここまで述べてきた説明は私が自分の頭で考えて自分でつくりだした説明なのに対して、学校英文法の説明は英米の英文法書の説明を受け売りしているだけのものだからである。

たとえば先に示した英文法参考書の「名詞」の説明をもういちどみてみよう。

名詞　人や物事の名を表わす。数えられる名詞と数えられない名詞があり、主語、目的語、補語になる。数えられる名詞には複数形がある。
（『総合英語フォレスト』第六版、桐原書店、p.11）

これは次のような英語での説明文の受け売りである。それ以上でもそれ以下でもない。

A noun is a word that names something: either a person, place, or thing. In a sentence, nouns can play the role of subject, direct object, indirect object, subject complement, object complement, appositive, or adjective.

(https://www.grammarly.com/blog/nouns/ より)

こうした学校英文法の参考書を書いている人たちの多くは、英米で考えられてきたことを日本で紹介することが自分たちの仕事であり、それが日本人の英語教育に役立つと思っているようである。

また彼らは日本人が英語教育について自分の頭で考えることについては慎重であるべきだと思ってもいるようだ。なぜなら日本人は英語のネイティブではないのだから。そしてもしそれをするならば、少なくとも研究の成果物に対して英語ネイティブ研究者からの承認が必要だとも考えているようだ。それが「世界に通用する」ことの証であり、日本人英語教育研究者としてあるべき誠実な態度である、と。

ゆえにここで述べてきた英語の「もの」認識表現の三層構造といった私の説明は、まず英語ネイティブを中心とする世界の研究者からの承認を得なければならず、そうでなければ英語研究として通用するものではなく、したがって英語教育にも使えないと彼らは判断することだろう。

私が思うにこれはたんなる隷属根性である。これでは小島信夫の小説『アメリカン・スクール』で描写されている敗戦直後の日本人英語教師たちの卑屈なメンタリティと変わりはない。それからの七十年以上の歳月は何だったのかということになる。

日本人の英語教育のあり方は日本人が自分で決めればよいことである。

英語ネイティブたちの意見や考えは参考にするべきだが、それはあくまでも参考にすぎない。彼らは英語のことは知っていても日本語や日本人のことは知らない。だから彼らに日本人のための英語教育の本質はわからない。それに日本や日本人の将来について日本人英語教師が持っている強い熱情と使命感を、英語ネイティブ教師は持っていない。彼らにとって日本や日本人の将来のことなど、しょせん「他人ごと」である。

英語学という学問の観点からみて正しいかどうかということも気にすることはない。英語学は英語という言語がどのようなものかを深く探究するものであり、これはこれで価値あるものだが、日本人の英語教育のあり方とは無関係だ。英語学の観点からみて正しくとも日本人の英語教育には使えないものもあれば、英語学の観点からみると正しいとはいえなくとも日本人の英語教育に使えば効果的なものもある。

英語学的にどうであれ、私が考案した「ＳＰＭＣ分析」や「モノ認識の三層構造」といった概念は日本人の英語学習に非常に有効である。このことは第一に私自身の実体験が示している。これらのメソッドを理解して利用することで私の英語のリーディング力とライティング力は格段に伸びた。また私が教えている生徒さんについても「ＳＰＭＣ分析」や「モノ認識の三層構造」を理解すると英語のリーディング力とライティング力が大きく伸びるケースが非常に多い。

さらなる検証が必要ではあるものの、私は自分が考案した日本人の英語学習のための各種のメソッドやツールの有効性に自信を持っている。なぜなら、それらはすべて自分自身の頭で考えて自分自身で実際に試してみてその有効性を確認したものだからである。英米からの借り物や受け売りではない。

私が考案したものは日本人の英語教育の新しいメソッドやツールの一例にすぎないだろう。これからは私以外の日本人英語教育者の多くが、別のかたちの日本人のための英語教育の新しいメソッドやツールをつくりだして、それをうまく活用していくはずだ。そしてそのような概念やツールが増えれば増えるほど日本の英語教育は向上していくものと考える。

日本人がなぜ英語を学習するかといえば、従来の日本人の枠を越えて、さらに大きな日本人になっていくためである。それを支えるのが英語教師の使命であるが、そのためには、まずは英語教師自身が英語ネイティブに隷属するメンタリティから抜け出さなければならない。英語教師自身が率先して「大きな日本人」にならなければならない。

ただ欧米に教えを乞うという態度は、もうやめようではないか。といって、むやみに欧米に反発するのは、心理学でいうところの防衛機制のひとつにすぎない。欧米生まれの知識を参考にしつつも、日本人が日本人の手で日本人のための英語教育の理論と技法を生み出すべき時期がすでにやってきていると私は考える。

英語の発音をいかに学ぶか

日本人による日本人のための英語学習の理論と技法の一例として、ここからは日本人として英語の発音をいかに学ぶかについて私の考え方と方法の一部をご紹介しよう。

日本人が英語の発音を学ぶときにまず大事なことは、英語ネイティブだからという理由だけで、その発音を自分のお手本にしようとはしないことである。では、どういう英語発音をお手本にするべきかというと、それは自分が目標とする人の英語の発音である。

たとえば、ノーベル医学賞を受賞した山中伸弥教授のような英語を話したいと思うのならば、山中さんの英語を手本とすればよい。あるいは緒方貞子さんを尊敬しているのであれば、緒方さんの英語を学ぶべきだ。

もっと身近な人の英語を目標にしてもかまわない。というよりは、本当はそのほうがよい。あなたの周りで、もしも自分が目標とする日本人がいるならば、ぜひその人の英語発音を手本とするべきである。

つぎに大事なのは合理的で実利的な英語発音の訓練をすることである。やってはいけないのは、ネイティブ英語発音を身につけるためだけの聞き取り訓練や発音訓練をおこなうことである。これはたんなる時間の浪費である。そんなことを続けていると、もっと大事なことが時間的にできなくなって、どんどんとバカになっていく。

頭でわかって、体でおぼえる

では、合理的で実利的な英語発音訓練とはどのようなものか。一言でいえば、それは「頭でわかって、体でおぼえる」である。

まずは「頭でわかる」である。これは英語の発音の構造を理屈として明確に理解するということである。理解するべき内容は、たとえば、次のようなことだ。

●英語の音の基本単位は「音節」であること。
●音節の数は数千個にもなること（日本語の音節はおよそ百個）。
●音節には、最も単純なかたちである「母音」からはじまり、「子音プラス母音」「母音プラス子音」「子音プラス母音プラス子音」、そして最も複雑なかたちである「子音プラス子音プラス子音プラス母音プラス子音プラス子音プラス子音プラス子音」まで、さまざまなパターーンがあること。
●英語のアクセントは、強弱アクセントであること（日本語は高低アクセント）。
●弱いアクセントの部分の発音は、簡単に音が変わったり、なくなったりすること。
●英語の発音は地域や社会的地位などによって極端なまでに異なっていること。

こうした理屈をまず頭でしっかりと理解し、それに続いて「体でおぼえる」のである。どんなことでも体に覚えこませるには反復訓練が欠かせない。だが、たんに英語発音を習得するためだけの反復訓練では実利的ではない。私たちはオウムや九官鳥になりたいわけではない。

英語発音訓練での最良の方法のひとつは、英語のスピーチやプレゼンテーションの訓練である。これであれば英語の中身を学習しつつ発音の訓練にもなる。一石二鳥だ。

英語の歌を歌うこともよいだろう。ただこの場合も英語の発音訓練として英語の歌を歌うのではなく、自分が好きな歌を英語で歌うという意思を持っていることが第一であり、それと同時に英語の発音の訓練もするという姿勢を崩してはいけない。

第3章　進むのは、横道ばかり

人生行路、行方定まらず

次の進路はどこに？

二回目の大学生の二年目も粛々と過ぎていき、次の進路を決めなければならない時期がきた。

いくつかの選択肢があった。

まず大学院で言葉や翻訳の研究を続けるという選択肢である。だがこれは大学生に戻った当初から考えていなかった。なによりもお金がない。それにもともと大学の先生になる気もなかったし、なれるとも思っていなかった。

これについては面白い経験をした。大学の授業では基本的に他の学生たちとはまったく話をしなかったのだが、ただ一人だけ話をした学生がいた。彼は私と同様にいつも最前列の真ん中にすわって熱心にノートをとっていた。多くのクラスで一緒になるので、そのうちに話をするようになった。文学にたいへんに思い入れが深く、知識も豊かな青年だった。相当に突っ込んだ文学議論ができて楽しかった。

あるとき、なぜか彼と進路について話すことになった。彼は当然のごとく大学院に進むつもりであり、私もまた大学院に進むと彼は思っていたようだ。私がある先生のことを高く評価したところ、彼はこういったのである。

「でも、あの先生、ポジション、おさえていないからなあ」

つまり、その先生の研究室に入ってもその後に（当時の）助教授の地位を得るのは難しいということである。

これには驚いた。彼のようないわゆる「文学バカ」がそのような世知にたけた生々しい話をするとはまったく思っていなかったからである。同時に、彼のようにその道をただ一筋に志してどんなことをしてでも大学の先生になりたいと考えている人間だけが本当に大学の先生になれるのだなあと、あらためて実感したものである。

次の選択肢は、もう一度就職をするというものだ。だがこれも大学生に戻った当初から考えていなかった。そんなことをするぐらいなら、そもそも三井物産を辞めたりはしない。

その次の選択肢は、就職はせずにフリーとして生計をたてるというものだが、これについてはまだ自信がなかった。もしそうする場合には、たとえば「ロマンス」小説の下訳で生活費を稼ぎながら研究を続けるということになるが、それは避けたかった。「ジェシカの背中に熱いものが走った」などといったセリフを原稿用紙に埋めていくのはさすがにもうごめんである。時間もエネルギーもとられるので肝心の勉強や研究に差し障りが出ることも問題である。といって、その他にお金を儲けられる特技もない。フリーで生きていくのは、やはり無理であろうと判断した。

最後に残ったのが、英語の高校教員になるという選択肢であった。これは大学生に戻るときから選択肢のひとつとして考えていたが、実際にその道に進もうと決めたのは教育実習を終えてからのことである。

教育実習は早稲田実業高校でおこなった（当時は早稲田大学のすぐ横にあった）。これが楽しかった。私なりの英語の授業に対して生徒たちは敏感に反応してきた。授業が終わると何人かの生徒が質問にもやってきた。とても熱心な生徒たちだった。

こんな生徒たちにこんなふうに英語を教えていけるのならば高校の先生も悪くない。まわりの先生方をみていても教えながらも自分の研究をされているようだった。よし、これでいこう、と思った。

そこで東京都の高校英語教員採用試験を受けると、めでたく合格した。その後に勤務地の希望を訊ねる通知がきたので、どこでもよいとの返事を出した。すると、しばらくして青梅東高校というところから電話がかかってきた。来年からきてくれないかというのだ。わかりましたと答えた。青梅という地名は聞いたことはあるが、どこにあるのかわからない。さっそく地図を出してみてみると東京都の北西の端っこにその名があった。こんなところにいくのかと思ったが、転勤もあることだろうし、最初は端っこから、なのだろうなどと思った。いまから考えると世間知らずのアマちゃんもいいところなのだが、いずれにしろ、これで卒業後の進路が決まった。都立高校の英語の先生である。

その後はまた勉強ざんまいの日々に戻った。結局、二年間でまともに勉強ができなかったのは「ロマンス」翻訳バイトの時期だけだった。二年間の大学の成績は英語教授法のクラスをのぞくとすべて「優」だった。英語教授法の先生はどうやら私の答案をお気に召さなかったようだ。

都立高校の英語教師に

都立青梅東高校は中央線の立川駅から青梅線に乗り換えて約三十分の河辺駅からさらに歩いて二十五分のところにあった。当時は創立から十年ほどの新設校だった。いまは近くの高校と統合されて新しい高校になっていると聞いている。はじめて訪れたときには、当時住んでいた早稲田近辺から三時間近くかかった記憶がある。駅から学校まで歩く途中の野原からひばりが飛び立っていい声で鳴いていた。

校長先生に会うと、最初に聞かれたのが「柔道部の顧問をお願いしたいのですが、よろしいですか」だった。なんだかおかしいなと思ったが、高校のときに柔道部にいたので「はい、大丈夫です」と答えた。校長は、ほっとしたようだった。

あとで知ったのだが、柔道部の顧問だった先生が別の高校に転勤になってしまい、そのあとに柔道部の顧問になろうという先生がいなかったらしい。そこで新卒のファイルをみていると私の履歴書に柔道二段と書いてあったので、それで私を採用したのだということだった。

どこの世界でも同じようなものだろうが、教員の世界もコネやら学閥やら政治閥やらと人事にはいろいろとあることが後からわかってきた。私のように外部からただポンと飛び込んできたのはどうやら例外のようだった。

英語教育については最初の面談で何もきかれなかったが、その理由はすぐにわかった。青梅東高校はいわゆる「教育困難校」のひとつであり、中学の成績でいえばオール2ぐらいの生徒までがやってくる高校だった。したがって多くの生徒が中学英語の基礎を理解できていなかった。ゆえに生徒の英語力を教師が引っ張ってぐんぐんと伸ばすなどということはしょせん無理だと当時の校長先生は考えていたように思う。校長先生からは「出来の悪い生徒たちですが、どうか大事にしてやってください」といわれた。

英語教育の難しさを実感

実際に授業をしてみると、生徒たちの英語力の低さは驚くばかりだった。中学一年生の初めからすでに英語の授業がわからなくなったのだろうと思われる生徒もいた。

英語の場合、一度わからなくなるとその後の授業は何もわからなくなる。授業中はただそこに座っているだけになる。先生から無視されるいわゆる「お客さん」状態だ。私の場合には高校での授業がそうだった。これはつらい。いま思い出してもいやな気分になる。

それでも私の場合は中学では「お客さん」ではなかった。ところが彼らは中学の段階ですでに「お客さん」だったのである。これはつらかったことだろう。なんとかしてやりたいと思った。

そこで自主教材をつくったり補習をやってみたりと、さまざまな方法を用いてみた。高校教師をしていた七年間にわたってずいぶんといろいろなことを試してみたが、結局のところ大きな成果を挙げることはできなかった。自主教材を使おうと補習をしようと、私が教えよ

う と他の先生が教えようと、生徒の英語力に大きな違いが出ることはなかったのである。

これにはがっかりした。自分ならば他の英語教師に出せない成果が出せるはずだなどと勝手にうぬぼれていたからである。

その後、三十数年を経て当時を振り返ってみると、うまくいかなかった理由がかなり明確にみえてくる。

まず、私の英語教師としての技能と経験が足りていなかったという事実が挙げられる。英語そのものの実力もまだまだだった。

次に、学校現場では数十人でのグループレッスンが基本だということがある。「わかる」というのは全員が同一の状態になることだが、「わからない」というのは一人一人がそれぞれに異なる状態になることである。ゆえに、わからない生徒が数十人もいると、数十通りの「わからない」状況が生まれている。それを一人の教師が一括して対応することは原理的に不可能である。

生徒の言語的な能力、特に日本語力の不足も学習障害のひとつだった。知識を獲得するという観点からは日本語での処理も英語での処理も基本は同じである。ゆえに日本語での言語処理能力に問題があると英語の学習も難しくなる。観察していると彼らの多くが日本語で本を読むことも自己を表現することも苦手なようだった。

生徒たちの自信のなさも問題だった。彼らの多くは英語での成功体験がない。そのために「やればできる」という感覚が持てないでいた。「やればできる」感覚は何かをマスターするための必須条件である。なかには、なんの根拠もなくこの感覚を持てる人間もいるが、通常は成功体験がその支えとなる。小さな成功体験を少しずつ積み重ねていった結果として自分に対する自信が生まれてくるのである。彼らには英語に関してそうした小さな成功体験の積み重ねがなかった。

そして最後に――おそらくこれが最大の問題点だろうが――英語を学ぶということへの真のモチベーションが彼らには欠けていた。彼らのほとんどは大学にはいかない。ゆえに受験勉強として英語を学ぶ必要がない。就職についても英語は基本的に関係がない。英会話への興味はあるが実際にまわりに英語で会話をするような知り合いはいない。高校での英語の単位を落として留年したり退学になるのはいやだといった後ろ向きの理由はあるが、青梅東高校では進級評価は非常に緩めだったので恐れるほどではない。ようするに英語を積極的に学ぶべき確固たる理由が見つからない。これで英語学習へのモチベーションを高めろというのは無理な話である。

ここで挙げた「わからなさ」の個別性、日本語力の不足、自信の欠如、モチベーションの欠如といった青梅東高校の生徒の問題点は、じつは日本のビジネスマンが英語において直面している問題点と非常によく似ている。

多くの日本人ビジネスマンは英語が苦手であるが、その苦手のありようは千差万別である。また英語力より以前にまず日本語力に問題がある。さらに彼らは自分の英語力に対して自信がない。

決定的なのは、彼らは英語を習得することに対する真のモチベーションを持っていないことである。このところビジネスの国際化が声高に叫ばれてはいるものの、実際の業務において英語がつねに必要となる職種はそれほど多くない。職種によっては英語がまったく必要がないこともある。

そうしたなかで英語を身につける積極的な意義を見つけ出すことは、彼らにとって簡単ではない。会社はＴＯＥＩＣの点数を求めたりするが、ほかにするべき業務がたくさんあるなかでなぜ英語の勉強なのかと疑問に思うこともあるだろう。

ようするに、私が高校の英語教師として三十数年前に直面した問題と、いま私がＯＮ＆ＣＯＭＰＡＮＹのグローバルビジネスコミュニケーションの講師として直面している問題とは同じものだということである。

当時と異なるのは、私自身がこの三十数年で英語教師としての技能と経験を積み重ねてきたことである。英語や日本語に対する理解が深まり、英語の実践力も三十数年前に比べると格段に伸びた。加えてビジネスに関するさまざまな知識や経験も積んできた。ゆえに、三十数年前には達成できなかった成果をいまならば達成できる可能性はある。もちろん単なる可能性ではあるのだが、いまの私にはそれに対する「やればできる」感覚がある。その感覚を支えるだけの小さな成功体験をそれなりに積み重ねてきたからである。

英語教師ではなく柔道教師？

さて顧問になったということで柔道場にいってみた。すると十人程度の柔道部員がそこにいた。礼儀正しく挨拶をしてくる。どうやら前の先生がしっかりと指導をしていたようだ。

だがどうもぎこちない。どのような新しい顧問の先生がきたのかを測りかねているようだった。そこですぐに練習に参加した。新しい顧問は英語の先生と聞いていたので、部員としてはまさか私が練習に参加するとは思っていなかったようである。

乱取り（自由に組み合って投げあう練習）では生徒をどんどんと投げていった。柔道をするのは十年ぶりぐらいだったが、そこは昔とった杵柄である。高校時代には東京教育大学（現在の筑波大）の柔道部の元主将で全日本候補だった師範からみっちりと指導を受けた。本物から受けた指導は錆びないものである。体力的にもまだ二十代であったから、弱い柔道部の高校生たちを投げるぐらいはなんとかできた。

生徒には具体的に技の指導をした。柔道というのは非常に合理的な肉体運動であり、すべて物理学の法則に従って作用する。ゆえに適切な身体ポジションに適切なタイミングで適切な力を加えると、人間というのは投げられるようになっている。もちろん人間のやることだからそうした理論だけですべて決まるのではないが、そのようにトレーニングを合理的、客観的に捉えると上達がはやいことは間違いない。

問題は、その適切なポジションと適切なタイミングとはどのようなものかということである。それにはさまざまな種類があり、一人一人の選手の体格や身体能力などによって利用できるものもあればできないものもある。そうした各人の適性を見極めつつ、それぞれの適性に合ったいくつかの種類のポジションとタイミングを見出し、それを習得するための合理的な反復トレーニングを日々積み重ねていく。それが柔道の練習である

部員たちは驚いたようだ。新しい顧問は英語の先生だと思っていたら、じつは柔道のコー

チだったというわけだ。彼らにとって嬉しい誤算だったことだろう。

私にとっても、これは嬉しい誤算だった。英語教育では思ったような成果が出せない一方で、柔道部では指導をした生徒がどんどん強くなっていくのがわかった。

さきに英語教育がうまくいかない最大の理由はモチベーションの欠如だと述べたが、柔道部の部員たちはこの点が決定的に違っていた。持っている運動能力はそれぞれに違うが、誰もが強くなりたいと思っていた。だから私の指導を素直に聞き入れて自分なりの努力を重ねる意志と意欲が彼らにはあった。

一年ほど指導をすると、少しずつだが公式戦でも勝てるようになってきた。そこで近くの高校に積極的に出げいこに出かけることにした。いくつかの高校の柔道部の先生に連絡をとって土曜日に出向いた。多くの柔道部の先生方がこころよく出げいこを引き受けてくださったことには、いまでも感謝している。

たとえば、八王子高校は多摩地区大会ではつねに優勝する柔道のトップ校であった。顧問の先生は元全日本クラスの柔道家で当時の生徒のなかには後に世界チャンピオンになる小川直也がいた。そこに出げいこにいって合同練習をすると、生徒たちの実力がたった一日の練習でぐんと伸びるのがわかった。柔道のような格闘技では自分よりも強い相手と練習をするとそれだけで実力が格段に伸びるものである。

そんなことを数年もやっているうちに多摩地区の体重別個人戦で優勝をする生徒が出てきた。練習が結果となって出てきたのである。名もない都立高校の柔道部から多摩地区での優勝者が出るのは非常に珍しいことだった。

学校内でも柔道部は弱くないとの見方が出てきた。そうなると柔道部員のモチベーションがぐんと上がる。練習にも熱が入り実力が伸びていく。好循環である。

私はといえば、柔道部の顧問兼コーチだけでなく学級担任を受け持つと同時に、進路指導の担当もするようになっていた。もちろん英語の先生であるから英語授業も受け持っていた。教師になってから数年だというのに、あっというまに典型的な中堅どころの高校教師の日常に突入していったわけだ。するべきことをこなすだけで毎日が矢のように過ぎていった。

定時制高校の教師に

まわりからみれば、当時の私はそれなりによい高校教師だったのだろうと思う。だが本人としては複雑な気持ちだった。たしかに柔道を教えるのは嫌いではないし、学級担任や進路指導といった仕事が大切であることはよくわかっていた。だがそれらは私自身が選んだものではない。与えられた役割を自分なりにこなそうとしていただけである。

高校教師になって五年が過ぎると、自分が望んでいることと自分がやっていることとのギャップがますます明らかになってきた。たしかに柔道のコーチングは面白いが、それを自分のライフワークにするのかといえばそんなことはない。学級担任や進路指導を通じて生徒を指導することが非常に大切であることはわかるものの、それは自分には向いていないとわかっていた。なにしろ私は自分自身の進路指導さえできていないのである。

なによりも深刻な問題は、高校教師を仕事として選んだ最大の理由である英語教育や言葉の研究に関して成果が出ていないことだった。それどころか、そもそも勉強に取り組む時間がほぼとれない状況になってしまっていた。

本を読んだり勉強をしたりすることは私にとって息をすることと同じである。それが十分にできないとなると酸欠状態になる。そうした状況が五年も続いたので、私の精神はかなり危険なところに近づいていた。

そもそも、高校の先生ならそれほど仕事にも追われずに自分の勉強ができるといった理由で高校教員になったこと自体、大きな間違いだった。

教師という仕事は、そんな軽い気持ちでできるものではなかった。実際にやってみてつくづくわかったのだが、高校教師のたったひとことで生徒の人生が変わることもある。進路指導にしても高校教師が本気になればなるほど生徒にふさわしい就職先が見つかるものだ。教師としてやるべきことはいくらでもある。自分の勉強が第一などとふざけたことをいっていいはずがない。

このように高校教師とはある意味で生徒の人生を左右できる存在であるから、教師には生徒の人生を支えるという明確な使命感が必要である。そして実際に私が接した先生には、そうした使命感を持つ人が多かった。もちろん悪い教師もなかにはいた。だがそれはどの業界でも同じだろう。医者だって弁護士だって悪いやつはいる。

では私はどうかといえば、決して手を抜いたとは思っていないが、教師としての使命感が充分だったかといえばどうだろうか。それなりの仕事をしながらも、心のなかではもっと自分の勉強がしたいといつも思っていた。これではだめだ。

その他の要因も重なって私は高校教師を辞める決心をした。再度の進路変更である。

問題は、次の進路である。とりあえず異動願いを出して青梅東高校から立川高校の定時制に職場を変わらせてもらった。定時制であれば教員としての仕事がかなり減って自分の勉強の時間がとれるし、今後の身の振り方も考えられると思ったからだ。

実際、教師としての仕事は大きく減った。生徒数が一クラスで十人もいなかったので何をするにも余裕があった。

意外だったのが英語の授業である。青梅東高校は学力の低い生徒がやってくる教育困難校だったが、定時制では生徒の英語力はさらに低いだろうと覚悟していた。実際、多くの生徒の英語力は非常に低かった。

そこで私は授業のやり方を根本的に変えた。生徒がわかったような顔をするまではとにかく徹底的に説明をおこなうことにした。そのため四十分の授業でテキストが三行も進まないことも多かった。

到達目標もカリキュラムも何もない、出たとこ勝負の授業なのだが、なんと、この授業のやり方が生徒たちにはとても評判がよかったのである。なかには「先生の授業、わかりやすいから好きだよ」などと私を泣かせるようなことをいう生徒もいた。

一人一人の生徒にわかる授業をすることがどれほど大切なのかということを、彼らは私に教えてくれた。このことを学べたのは私にとって一生の財産である。彼らには本当に感謝している。

転職、また転職

立川高校の定時制には二年間いた。そのあいだに教師としてのいくつかの新しい経験をしながら、次の進路のための準備を進めた。

さて次の進路であるが、こんどこそ言葉の専門家の道に進みたいと思った。だが言葉の専門家として安定的な収入を得られる道がなかなか見えてこない。

第一に考えられるのは民間での英語教師として生計をたてる道である。だが、これは私にとって無理筋であると考えた。

一般社会のなかで稼ぐということは、既存の社会通念に合わせたかたちで成果を出すことである。英語教育でいえば予備校講師となって受験英語を教えて生徒を良い大学にいれること、英語塾の先生となって学校英語を教えて学校の成績をあげること、英会話教室で英会話を教えて生徒を「ガイジン」と英語で話せるようにすること、などだ。

だが、私はこうした既存の英語教育のあり方を根底的に変えようとしているのである。受験英語や学校英語は打破すべきものだと考えていたし、英会話は日本人の英語への隷属化を加速化させるものだと考えていた。そんな私が予備校や英語塾や英会話教室の先生になってうまくいくはずがない。

つぎに考えられるのはフリー翻訳者として生計をたてる道だが、これにはいろいろな点でまだ能力が足りないと判断した。

翻訳者になってお金を稼ぐといっても、どこでどのようにして翻訳の仕事をとってくればいいのか。それに自分のセールスポイントとなる翻訳の専門分野はいったい何なのか。まさかロマンス小説ではあるまい。と、このように冷静に考えていけば、この時点でただちにフリー翻訳者として生計をたてることが困難であることは明白だった。

こうやって自分の進むべき道を考えているうちに、私は自分がいかに無謀なことをしようとしているのかにあらためて気づかされた。

なにしろ私は日本の英語教育や翻訳のあり方を根底から変えたいと思っていたのである。革新的な英語教育や翻訳の理論と技法を自分の手でつくりだしてそれを世間に普及させようと考えていたのである。ひいては、それを通じて日本人の精神そのものを変えようというのである。

壮大というべきか、誇大妄想的というべきか。だが壮大であれ、誇大妄想的であれ、私は実際にそう思っていたし、自分ならそれができると思っていた。

同時に、そうした革新的な英語教育や翻訳の理論と技法をつくれるとしても、それには多大な努力と長い時間が必要になるとも思っていた。

既存の理論や技法を打破するには既存の理論や技法をまず徹底的にマスターしなければならない。そのうえでその限界をよく見極め、それを乗り越えるべく、さまざまな観点からの知識や経験を積み重ねて新たな理論と技法をつくりあげていく。それが革新である。そうしたまっとうな努力をせずに既存のものをただ否定するのは子供っぽい反抗にすぎない。

とすれば、英語教育や翻訳で私が革新的な理論と技法をつくりだすことができるにしても、十年程度の期間ではとてもダメだろう。少なくとも二十年や三十年はかかる。

問題は、その数十年のあいだ、どうやって生計をたてるのかである。既存の英語教育や翻訳を根底から打破する立場だから、それらの世界にぶらさがって生きるのでは意味がない。といって、まったく異なる職業についてしまうと研究が進まなくなる。趣味でやるわけではないのだから、どのような仕事に就くとしても英語や翻訳とつながっている必要がある。

考えたすえ、求人広告で見つけた小さな編集会社に勤めることにした。社員が十人足らずの小さな会社である。企業の英語や日本語のパンフレットの編集制作をおこなうとともにビジネス翻訳のエージェント業務もおこなっていた。場所は浜松町駅近くのマンションの一室だった。

なぜ就職しようと思ったのかというと、手に職をつけたかったからである。そのうえで独立すれば将来的に食いっぱぐれはないだろうと考えた。そして手に職をつけるのであれば、私の場合は英語や翻訳に関することがよいに決まっている。

なぜ小さな会社かといえば、組織が小さければ英文編集や翻訳のプロセスをすべて体験できると思ったからだ。大きな組織に入ってしまうと分業制になっているだろうから、一部の業務しか経験できない。近い将来での独立を考えると英文編集や翻訳ビジネスのすべてを体験しておきたかった。

幸いなことに社長の大川さんは私を雇ってくれた。あとから聞いたところでは、私を雇うかどうか、かなり迷ったそうだ。なにしろ経歴があまりにも変わり過ぎている。日本を代表する商社を辞めて大学生に戻り、その後は高校教員になって、そして転職である。どうみても異常としかいいようがない。とすると人間的に何か問題があると考えても不思議ではない。ただ入社試験として書いた私の文章を大川さんは気に入ったそうである。そこで不安はあるものの採用となったらしい。

こうして私は都立高校の英語教員から小さな編集会社のスタッフに転職した。有名商社、公務員、零細企業と世間一般の見方からすれば勤め先がどんどんと落ちぶれていくわけだが、本人としてはそうした意識はなく、逆に自分の目標に少しずつ近づいている感覚が強かった。

ビジネスの基本を学ぶ

その編集会社には三年勤めた。何もかもゼロからであるから最初は失敗ばかりが目立った。編集作業でいえば、最初のころは社長の大川さんに原稿をもっていくと一目見るなり突っ返された。見るに値しないということである。そこで自分なりにできるかぎりの見直しを加えて再度もっていくと、こんどは真っ赤になるまで原稿に修正を入れられた。そんなことが毎日のように続いたが、一年ぐらい経つと赤入れの量が少なくなってきた。二年経ったころ、もう見せなくともよいといわれた。どうやら一人前の編集者と見なされたようだった。

小さな会社であるから編集作業だけではなく制作作業にも関った。手が足りなければ印刷のための版下づくりも手伝った。当時の最先端技術であるマックによるＤＴＰ（デスクトップパブリッシング）作業もおこなった。

時代はちょうどバブルの真っただ中である。顧客である日本の大手企業は、どこもじつに羽振りが良かった。ＰＲ冊子向け予算も潤沢にとれていたらしく、非常に贅沢な企業パンフレットをつくらせてもらった。顧客のひとつであった某証券会社の社員などはみんな肩をそびやかして街を闊歩していた。当時の日本企業のことを思うと、いまの中国企業と本当にそっくりだなあと思ってしまう。

この小さな会社で私はビジネスを一から勉強した。たしかに私は三井物産という大きな会社に三年いたが、まともなビジネス経験は何もしていない。ところが今回は違う。十人足らずの零細企業だから全員が頑張らなければ仕事はまわらない。そして誰か一人でも失敗すればたちどころにクレームが発生して大きな損失につながる。知識や経験が足りないなかでも、とにかくそれなりの結果を出し続けなければならないのである。

ここで学んだことは、編集や翻訳に関する知識や技術だけでなくビジネスマンとしての基本的なあり方も含めて、そのすべてがその後の私の仕事における大切な基盤となった。迷いながらも私を採用してくれて、編集の実務も教えてくれた社長の大川さんには本当に感謝している。

英語に対する「間違った完璧主義」を打破せよ

英文編集の担当だったので、外部から週に数回やってくるアメリカ人エディターの相手もさせられた。シャーノフさんという五十代の女性で、コロンビア大学で日本文学を勉強して数十年前から日本に住んでいるとのことだった。こちらが明確に指示を出すと、それにはきっちりと対応してくれた。ようするにプロである。私としてはやりやすかった。

ただ日本からの英語の発信に対する考え方については、私とシャーノフさんとは真っ向から対立した。

シャーノフさんは、英語ネイティブではない生粋の日本人に英語文章の本当の良し悪しがわかるはずがないという考え方だった。ノンネイティブであるから、当然ながら細かな文法ミスも出る。したがって英文編集としての良い仕事をするには外部に出す原稿はすべて自分の眼をとおすべきというのが、彼女の考えだった。

一方、私は日本から世界に発信するグローバル情報については、それが英語での発信であっても日本人が最終的にコントロールするべきと考えていた。英語ネイティブチェックの活用は必要だが、あくまでサポートであって、彼らに情報を最終的にコントロールさせてはならないというのが私の考え方だった。

シャーノフさんの言い分を認めると、日本から発信する英語情報はすべて英語ネイティブのフィルターを通さなければならないことになる。これは、究極をいえば英語ネイティブが日本人の英語発信をつねに検閲することにつながる。したがって、おおげさにいえば日本と日本人としての自主独立を守るためにもこうした事態は阻止しなければならないというのが私の考えである。

だが、こうした私の考えは現実的には現在の日本社会でまったく受け入れられていない。ほとんどすべての日本人が、英語で世界に発信をするときには英語ネイティブの最終チェックを受けなければならないものだと考えている。それは疑う余地のない「常識」である。

結局のところ、英文編集の仕事での原稿はどんな場合にもつねに英語ネイティブチェックを受けなければならなかった。たとえ一、二行の修正であっても必ず英語ネイティブチェックを受けるのであるからコストも時間も膨大にかかってしまうのだが、それは仕方のないものだとされた。実際にはこんなことをしているから日本から世界への発信がまともにできないのであるが、しかし現実は現実である。シャーノフ対成瀬の理論闘争は、成瀬の全面敗北となった。社内にも社外にも成瀬への賛同者は一人もいない。まさに四面楚歌。これでは勝てるわけがない。

そうしたなかで、せめてもの一矢を報いるべく私は一、二行の訂正であれば英語ネイティブチェックなしにしようではないかと社長の大川さんに提案した。それをするだけでもコストも時間も大幅に改善されるからだ。

だが、この提案も受け入れられなかった。たとえ一、二行であっても英語ネイティブチェックを省いて、もしもミスが出ると顧客に対する説明責任が果たせないというのが理由だった。

私は悟った。日本人がこれほどまでに英語ネイティブチェックにこだわるのは、たんに英語ネイティブコンプレックスのためだけではない。じつはその根底には、もうひとつの理由があるのだ。それは、たったひとつのミスも許そうとしない日本人の持っている「完璧主義」である。

たしかに一部のものづくりなどでは、こうした日本人の完璧主義が良い結果を出しているようだ。また、ビジネスではミスをしないことがどれほど大事であるかを、小さな会社で働いた三年で私はいやというほど思い知った。

しかしそれでも敢えていうが、少なくともグローバルなコミュニケーションという観点からみると、こうした完璧主義は美点でもなんでもなく、たんなる欠点にすぎない。そしてこの「間違った完璧主義」が、日本人の英語コンプレックスを助長し、日本からの世界への英語発信を妨げ、ひいては日本と日本人のグローバル化を妨げているのである。

英語ノンネイティブである私たちが、完璧な英語で書いたり話したりできるはずがない。もし完璧な英語をマスターしてから英語をグローバルコミュニケーションに使おうなどと思ってしまったら、英語でのグローバルコミュニケーションは一生できなくなってしまう。ゆえに英語ノンネイティブに完璧な英語などいらないことは普通に考えれば誰にでもわかることである。

実際のところ、世界の人々の多くが完璧とはとてもいえないミスだらけの英語を用いてグローバルコミュニケーションを自由かつ堂々とおこなっている。グローバルに活躍している人たちのほとんどは自分の英語のミスなど気にしないし、同時に他者の英語のミスも気にしない。グローバルコミュニケーションで使われる英語はそれぞれの人間にとっての第二言語なのだから、ミスをするのは当たり前という感覚なのだ。

だから私たち日本人も、そうした世界の多くの人々と同じように振る舞えばよいのである。ところがそれを邪魔しているのが、日本人の英語に対する「間違った完璧主義」なのである。

この状況を打ち破ることは、決して簡単なことではない。なぜならこの「完璧を目指す↓ミスを極端に恐れる」というマインドは、日本の社会のあり方、日本の英語教育のあり方自体が生み出しているものだからだ。

私たちが受けてきた英語のテストを考えてみてほしい。どのテストも百点満点からミスした部分の点数が引かれていたに違いない。英語でとにかく自分が表現できた分だけ点数が積み重ねられていくというテストを受けた人はほとんどいないだろう。だが実際のグローバルコミュニケーションとは、学校のテストのように減点主義で測定できるものでは決してない。そうではなく、少しぐらい間違ってもよいから、どんどんと積極的にグローバルコミュニケーションを試みていく能力こそが測定されるべきなのである。そして、その本当の意味での「英語力」を評価せずに、ミスをしたかどうかといった「あらさがし」ばかりをしているのが、日本の英語教育なのである。

この「完璧を目指す↓ミスを極端に恐れる↓減点主義」というマイナスのメンタリティをなんとしても打ち破らなければ、日本人はこれからも独自のグローバルコミュニケーションを展開することができないままである。自分で自分の首を絞め続けるようなことは一刻も早く終わりにしなければならない。すなわち、英語に対するメンタルを「減点主義」から「加点主義」へと大転換しなければならない。ミスを恐れず、完璧でなくてもよい、という強靭なメンタリティを日本人のなかに育てなければならない。

この英語教育に対する根源的かつ困難な課題に対して真正面から取り組んでいこうというのが、ＯＮ＆ＣＯＭＰＡＮＹとしての基本理念である。

営業の難しさを知る

編集の仕事を三年間経験したあとで、私は別の会社に移った。大川さんはもう少し私に残っていてもらいたそうだったが、特に何もいわなかった。自分自身もそうやって転職をしたうえで会社を立ち上げたので、私の独立計画はわかっていたようだ。

新しく勤めた会社は、テレビメディアの子会社だった。社長さんは元大手企業の重役さんでベンチャーとしてその会社を立ち上げたようだ。事業内容はテレビ、イベント、出版などを横に串刺しするメディアミックス事業である。スタッフ数は五人、私はアカウントマネジャーという肩書で雇われた。メディアミックス企画をつくって潜在顧客に売り込みをかけるのが仕事だ。ようするに営業である。

だがこの転職は完全な失敗だった。営業としてまったく結果が出なかったのである。いろいろと仕掛けはしたものの、結局のところ新規顧客をひとつも獲得できなかった。会社の経営自体については、大手メディアの子会社であって社長さんが大きな顧客を持っていたこともあり、問題はなかったのだが、私としては忸怩たるものがあった。それにしても、営業でこれほどまでに結果が出ないとは予想していなかった。

ようするに、営業という仕事をなめていたのである。専門職と違って営業ならば誰でも頑張ればできるはず、などと考えていた。とんでもない。営業こそ、知識と経験と才能が必要な仕事だったのである。そしてその知識と経験と才能が、私にはまったく備わっていなかったのである。

営業とはなにかを一言でいえば、それは「ひとたらし」の技能ではないだろうか。どんなものにせよ、人がなにかを買う気になるというのは理性のなせる業ではなく、感性のなせる業である。その感性を揺り動かせるのが、まさに「ひとたらし」の技能ではないか。

「ひとたらし」の技能の習得には知識と経験と才能が必要なのだが、そのなかでも最も重要なのは才能であると、私は考える。足の速い人間が生まれつき速いのと同じように、良い営業マンも生まれつき良い営業マンとしての才能が備わっているということである。そしてかくいう私にはその才能がまったく備わっていないというのが私の見立てである。

結局、この会社には一年半ほどいてから辞めさせてもらった。営業として結果が出ないのでは仕方がない。予定よりも少し早めではあったが、独立することにした。

第4章 転機、そして危機

転機、きたる

会社を設立

一九九四（平成六）年、私は会社を設立した。「パオ・コミュニケーションズ」と名付けた。実質上の社員は私一人である。事務所として吉祥寺の井の頭公園近くのアパートの一室を借りた。グローバルコミュニケーション全般を業務領域として掲げたが、これまでの私の経験や実績からいって実際にはビジネス関連の翻訳と英文編集だけに業務は絞られた。

知り合いに会社設立を知らせるとともに企業リストなどを参考にして国際広報や翻訳の潜在顧客に数百通のダイレクトメールを送った。最初の数か月は仕事が一件もなかったが、そのあいだに会社の経理などの勉強をした。ここで身につけた経理の知識は、その後ずいぶんと役に立った。

サイマル・インターナショナルとの出会い

数カ月経つと仕事の引き合いが少しずつやってくるようになった。その一件が、サイマル・

インターナショナルの翻訳部からの電話での問い合わせだった。知り合いから紹介されたとのことだった。

私は驚いた。「サイマル」といえば日本の英語関係者で知らない人のないビッグネームである。日本の同時通訳の草分けであり、創業者である西山千、村松増美、國弘正雄、小松達也は英語業界ではカリスマ的な存在といえた。

実際のところ、当時も今も政府関連の同時通訳の業務の多くはサイマルが手掛けている。当時存在したサイマル出版会から出された本は専門家のあいだで非常に高く評価されていた。サイマル・アカデミーという通訳者や翻訳者の養成学校も当時から運営していた。その「サイマル」からの突然の連絡である。驚かないほうがおかしい。

状況をきいてみると、東京都から請け負った英文パンフレットの英文原稿作成にトラブルが生じているという。パンフレットの英文の初稿を出したところ、東京都の担当者から内容のピントがずれていると指摘されたうえで修正を求められたのだという。

「途中からの仕事で申し訳ないんですが、手伝ってもらえないでしょうか」

「それでは、資料を送っていただけば、私のほうでまずスケルトンシートをつくってみます」

「スケルトンシート？」

「はい、原稿の骨組みを示す、いわば原稿の設計図です。それをクライアントさんに見ていただいて了承を得たのちに、肉付けをして実際の原稿をつくっていきます。今回は最終原稿が英語ですが、クライアントさんは日本人なので、最初は日本語でスケルトンシートをつくって、それをみてもらいます。そうすれば、原稿の方向性が明確にわかりますので、そのあとにその構成をもとにして英語原稿をつくると、内容的には問題が生じることがなくなります」

「なるほど」

その後、資料を送ってもらい、それをもとにスケルトンシートを作成した。サイマルの担当者がそのスケルトンシートを東京都の担当者にみせたところ、快諾されたとのことだった。これまでこうした詳細な原稿設計図を業者からもらったことがなかったが、これからはこのやり方で仕事を進めていきたいと東京都の担当者はコメントしたそうだ。

次の作業は日本語の元原稿の作成である。元原稿をつくる際には、日本語の思考や表現のあり方を重視するのではなく、英語に翻訳した際に英語の思考や表現のあり方が十分活きるかたちの日本語をつくることを心掛けた。すなわち日本語の原稿の段階からして、すでに半分は英語なのである。

日本語の元原稿を完成させた後、私と日英ネイティブ翻訳者がペアとなって東京都の英文パンフレットの新英語原稿を仕上げていった。出来上がった英語原稿にクライアントは十分に満足したようだった。

この仕事がきっかけとなって、私はサイマル・インターナショナルの信用を得た。その後はサイマル翻訳部から翻訳や英文編集のさまざまな仕事をもらえるようになった。

こうしてパオ・コミュニケーションズにとってサイマル・インターナショナルはその後もっとも重要なクライアントとなった。東京都の英文パンフレットの仕事はサイマルからみるとビジネストラブルだったわけだが、パオ・コミュニケーションズからみると千載一遇のビジネスチャンスだったわけである。

英文は「構造」が大事

サイマルといえば英語の達人の集団といって過言ではない。それなのに、なぜ私のような人間が通用したかといえば、おそらく英語力そのものではなく、その前提となる英文づくりの原理がわかっていたからだろう。

日本語・英語・翻訳の勉強や英文編集と翻訳の実務を重ねるなかで、私は日本語の文章と英語の文章とでは文章の組み立て方そのものが根本的に違うことに気がついた。

一般に日本語の文章の組み立て方で大事なのは、文章の「流れ」である。文章をつくる際には（もともとは漢詩の作法なのだが）「起承転結」が大事だなどとよくいわれる。これは、起こして、承けて、転換して、結ぶ、という文章の流れが重要だということである。たとえば朝日新聞のコラムの「天声人語」などもそうした流れを大事にした文章である。

一方、英語の文章の組み立て方で大事なのは、文章の「構造」である。文章が理路整然と構築されているかどうかが文章の「流れ」よりも重視される。

例えていえば、日本語の文章が一本の糸からさまざまな綾を織りなしてつくられる着物であるのに対して、英語の文章とは煉瓦を設計図どおりに積み上げてつくりあげる建物のようなものである。

したがって、たとえば「天声人語」をそのままの文章構成で英語にしても、よい英語の文章にはならない。いくらひとつひとつの英文の表現が優れていても、文章の構造そのものが英語にはふさわしくないからである（文学などの一部の文章では英語であっても「流れ」が重視されるのだが、ここで述べているのはもっと一般的な文章の話だとご理解願いたい）。

ゆえに、日本語で考えられた何かを英語で表現しようとする場合には、その文章の作り方の原理そのものを「翻訳」しなければならない。逆に英語で考えられた何かを日本語で表現しようとする場合も同じことである。

この「文章構成原理の翻訳」が、日本語の世界と英語の世界とを真の意味で往来するための第一条件である。このことがわかっていないと、日本語の文章としての良いものであっても良い英語の文章にするのは難しく、逆もまた同じである。

先に紹介した東京都のパンフレットの英文原稿に対して担当者が内容のピントがずれているとコメントしたのは、おそらく英文原稿としての構成原理そのものに不満があったのだろうと思われる。そのため、私のつくったスケルトンシート（設計図）をみて、これならば英文テキストらしい構造になると判断したものと考えられる。

さまざまな出会い

その後も少しずつだが、クライアントの数が増えていった。クライアントの多くは国際広報の専門会社で、日本の企業のための英文の広報資料や財務資料の企画制作に携わっていた。パオ・コミュニケーションズは、その制作の下請けをする会社と位置付けられた。日本のビジネスのグローバル化の最前線の仕事であるから、私としては非常に面白かったし、やりがいもあった。

そのほか、大手印刷会社が制作している社史の英文版づくりにもかかわった。日本の大企業の歴史を日本語から英語にするという仕事である。日本を代表する企業がどのように生まれてどのように育っていったかを裏話も含めて知ることができるのであるから、面白いに決まっている。また打ち合わせを進めるなかでそれぞれの会社の社風が見えてきて、それもまた楽しかった。

それぞれの人間の個性が違うように、会社もそれぞれに個性が大きく異なる。ひとつの会社にずっといると、その会社のやり方が普遍的に感じられるだろうが、決してそんなことはない。会社が違えばビジネスに対する考え方や取り組み方は実に千差万別なのである。さまざまな会社に関わるなかでそのことが実感としてわかったことは、私にとって大きな収穫だった。

そのうちに、日本語の原稿も書いてみないかと誘われて、何社かの社史の日本語ライターも務めた。いろいろなところに取材にいったが、なかでも強く印象に残っているのは、満州からの引き揚げ者のために設立された会社の社史の取材である。会社設立に関ったOBの方々に話をうかがったのだが、あの戦争が日本人にどのような運命をもたらしたかを直接に知ることができた貴重な体験だった。私のような一ライターに真摯にお話をしてくださった方々には感謝の思いしかなく、またその話を直接にうかがえた私がその内容を次の世代に伝えていかなければならないとも思う。

変わったところでは、ＴＯＥＩＣの主催団体である国際ビジネスコミュニケーション協会の仕事も請け負った。英語テスト関連の仕事ではなく、日本企業のビジネスグローバル化に関するプロジェクトのお手伝いである。これはＯＮ＆ＣＯＭＰＡＮＹがおこなおうとしている、まさにそのミッションであり、私の現在のグローバル英語教育への情熱の一端は、この仕事から発しているといってもおかしくない。私がかかわったグローバルビジネスコミュニケーションの広報誌は、かたちを変えていまも出版されている。個人的にはとても嬉しいことだ。

たいへんな思い出として残っているのは、一九九八（平成十）年の長野オリンピックの国際広報資料の作成のお手伝いである。ある広報会社からの下請け仕事で、世界のメディアに対して開会式に関する資料を日本語だけでなく英語とフランス語でも提供するというものである。

ところが開会式の内容が直前になるまで決まらないのだ。つまり英語やフランス語にしようにも、もとの日本語原稿がないのである。ずっと待っていると、まさに直前になって日本語原稿が決まったというので大急ぎで英語とフランス語にしていくのだが、その内容が非常に日本的であるために、その日本的な概念に関する解説を新たに付け加えなければならない。内容の突然の変更も何度かあった。そのたびに翻訳をやりなおさなければならない。

そんなこんなで、てんやわんやの徹夜作業が続くことになった。担当者と夜中の三時ごろに電話で話していると、私以上に向こうが消耗しているのがわかった。私は吉祥寺の自分の事務所にいるからまだましなのだが、彼はなんとオフィスにずっと泊まり込んでいる状態なのである。いまならば、ブラック企業の話題として取り上げられそうな出来事だった。

面白かったのは、ある米国生まれの翻訳ソフトウェアの会社からの翻訳依頼だった。知り合いからパオ・コミュニケーションズのことを聞いたのだという。

「で、なんのご依頼でしょうか」

「じつは、弊社の米国本社の社長のメッセージを日本語に翻訳してほしいのです」

「えっ？　でも、それならば、御社の翻訳ソフトウェアで翻訳をなさればよろしいのでは」

「そんなことをすると、まともな日本語にはなりませんから」

「？」

当時はまだビッグデータもＡＩもディープラーニングも何もない時代である。したがって翻訳ソフトウェアといってもその精度は非常に低く、人間翻訳者の代わりを務めるというよりはマニュアル翻訳などの支援のために使うものだったのである。

当時に比べると現在の翻訳ソフトウェアは飛躍的な進歩を遂げた。機械翻訳つまり人工知能を利用したコンピューター翻訳が近い将来には人間翻訳者に完全に取って代わることができると考える関係者さえも出てきた。

ここで翻訳論に深く踏み込むつもりはないが、私の立場については明確にしておこう。

ビッグデータ処理とディープラーニングをベースとする人工知能の発展は、ある種の革命である。ゆえに、これまでの常識は通じないと考える。翻訳ソフトウェアにしても、いまはまだ少し不自然に見える訳文しか出てこないが、近い将来には非常に自然に見える訳文が出力できるようになるはずだ。

だが人工知能とは究極まで突き詰めれば、たんなる計算機である。そして計算機は「心」を持つことができない。したがって、情報の伝達手段としての言葉をつなぐことはできても、人間の心と心をつなげることは原理的に不可能である。人間の心と心をつなげることができるのは人間だけである。

言葉と言葉をつなぐ翻訳ではなく人間の心と心をつなぐ翻訳は人間にしかできないという

のが私の翻訳論のベースである。ただ世間一般では、実務翻訳では情報がつながればそれで十分であり、人間の心までつなぐ必要はないと考えられている。本当はそうではないのだが。したがって実際の翻訳実務では、今後は翻訳ソフトウェアがその大半を担うことになっていくだろう。だがそれは私が考える本当の意味の「翻訳」ではないことを、ここで再度強調しておきたい。

危機、きたる

経営がわかっていない

起業から数年がたつと、少しずつだが会社としてのかたちが整ってきた。仕事もそれなりに回りはじめた。だがそうなると、いろいろな問題が出てきた。

最大の問題は、自分一人では仕事がこなせなくなったためにスタッフを雇い入れたことだった。スタッフの数は最初は一人だったが、そのうちに二人、三人と増えていった。事務所もスタッフが増えると最初のアパートの一部屋というわけにはいかなくなり、広めの貸事務所に転居した。

こうしてスタッフの給料や事務所の家賃などの固定費がどんどんと膨らんでいった。その固定費を稼ぎ出すためにはとにかく仕事を増やさねばならず、仕事を増やせば、また新たな人手が必要になるというサイクルに落ち込んだ。

私は人に何かを頼むのが苦手である。とりあえず何でも自分でしようとする。そのためスタッフをうまく使うことができなかった。そもそも他人を使って何かをすること自体に抵抗感を持っていた。いざとなれば自分ががむしゃらにやればなんとかなると心のどこかでつねに思っていた。

ようするに経営というものを何もわかっていなかったのである。さらには、経営という行為そのものを心の奥底ではどこか嫌悪していたのである。

ただし、表面だけをみるとパオ・コミュニケーションズの売上は伸び、スタッフ数は増えている。経営は順調であるかのようにみえた。しかし実際には、つねに資金不足であり、ぎりぎりのラインでの運営が続いていた。砂上の楼閣とはこのことである。

私は事務所に泊まり込むことが多くなった。コーヒーを浴びるように飲んだ。表面上はつねに明るい声で話すように努め、前向きの姿勢を保ち、人には落ち込んだ姿を見せないようにした。そうしないと、必死でペダルを回し続けてかろうじて前に進んでいるパオ・コミュニケーションズという自転車が、すぐにでも倒れそうな気がした。そして一度倒れると、もう二度と立ち上がれないという気がしていた。

あるとき、打ち合わせに事務所にやってきた取引先の人間が私に対してこういった。「どんどんと会社がご発展のようで、いまが人生のなかでいちばん充実されているんじゃないですか？」

これをきいて私はにこにこ笑いながら、いえいえそうでもありませんよ、などと答えた。そう答えながら、私は目の前にいる取引先の男を憎悪した。

あとから振り返ってみれば、この時点で私はすでに冷静な判断力を失っていたのである。

無理に無理を重ねた結果……

当時はインターネットの勃興期であった。私自身、インターネットに出会った瞬間、夢中になった。インターネットはコミュニケーションの国境をなくしてしまう。コミュニケーションコストをゼロにしてしまう。革命以外の何ものでもないと思った。

そしてこれからのグローバルビジネスコミュニケーションビジネスの主戦場はインターネットに移っていくと確信した。具体的には企業の英語ウェブサイトの構築ビジネスがすぐに立ち上がってくるはずである。

そこで事務所に自社サーバーを構築した。構築コストは銀行から借り入れた。時代が時代であったからインターネットビジネスを立ち上げると説明すると銀行は簡単に数百万を貸してくれた。これがその後の度重なる銀行からの借り入れの第一回めである。

パオ・コミュニケーションズ一社では英文ウェブサイト構築のすべての作業はカバーできない。そこでウェブサイト構築を手掛けている取引先とサイマル・インターナショナルに話をもちかけて三社合同のプロジェクトチームを組んだ。そのチームで大手企業に英語ウェブサイト構築の営業をかけると数社からの注文がとれた。相手は日本を代表する企業ばかりだから仕事の規模は大きい。パオ・コミュニケーションズの表面上の売上は飛躍的に拡大した。

仕事の規模が大きくなると、売上は大きくなるが費用も増える。いろいろな経費が飛ぶように出ていく。資金繰りが苦しくなって私はまた銀行からの借り入れをした。それが繰り返されると、借金はすぐに数千万単位に達した。

まわりからみると、パオ・コミュニケーションズは資金繰りに苦しみながらも売上をどんどん伸ばしている新興ベンチャー企業に見えたことだろう。だが実情はといえば、借金を重ねながら無理に無理を重ねている個人経営の零細企業にすぎなかった。

個人的な事情も重なって、ある日、もうだめだと思った。これ以上会社を続けると本当に死んでしまうと自覚した。スタッフや取引先や銀行に会社をやめると告げて、最小限の後始末をした。数千万の借金が残った。二〇〇二年の夏のことだった。会社を立ち上げてから八年が経っていた。

これを読まれている人のなかには、なぜそんなにも無理を重ねたのかと思う人もいるかもしれない。そもそも会社を立ち上げたのは勉強や研究のための生活を安定させるためであって、会社そのものを発展させることが目的ではなかったはずである。それになのに、なぜそのような間違った方向へいったのか。

ひとことでいえば、一度はじめたことであるからには絶対に負けるわけにはいかないと思い込んでいたからである。心理学者の解説によると、これは自分自身を信じられない人間の典型的な思考形態であるようだ。

ようするに私はずっと自分自身を信じていなかったということである。だから自分が立ち上げた会社にすがりついたというわけである。であるから、たとえ会社の経営に成功していたとしても、私はその後に価値ある人生を送っていなかったことだろう。

会社をつぶしたことは、その結果として物理的にも精神的にも死なずにすんだのだから、悪いことではなかったと思う。それにしても、あそこまで過激な方法で会社を整理せず、もっと実害の少ない会社整理の方法はいくらでもあったことだろう。だが、あのぐらいのことをしなければ、自分自身に対して納得がいかなかったのだろうと思う。じつに非論理的なメンタリティではあるが、実際にそうだったのだから仕方がない。

第5章　少しずつ何かが……

翻訳スクールの講師に

会社をたたんでからしばらくのあいだ、移り住んだ杉並の善福寺池のほとりのアパートで、私はぼんやりと過ごしていた。すると、サイマル・インターナショナルの宮城雅之さんから連絡が入った。宮城さんは英文ウェブサイト構築プロジェクトのチームメンバーであり、その他のことでもたいへんにお世話になった方である。

「成瀬さん、じつはこのたびサイマル・アカデミーがプロ産業翻訳者の養成コースを新設するんですが、その講師になってみませんか」

「プロ産業翻訳者の養成、ですか」

「いちど話をきいていただけませんか。いかがですか」

「はい……」

私の身勝手で共同のプロジェクトを壊してしまったにもかかわらず、宮城さんはそれでも私のことを気にかけてくれていた。宮城さんの助力なしで、いまの私はない。私の人生の最大の恩人である。

二〇〇二（平成十四）年七月、私はサイマル・アカデミー産業翻訳者養成コースに関する説明を担当者から受けた。宮城さんも同席した。担当者によると、サイマル・インターナショナルでは通訳だけでなく翻訳の仕事も増えてきており、それに対応できる翻訳者の人数が足りなくなってきた。そこでサイマルの仕事をまかせられるプロ翻訳者をみずからの手で養成する計画なのだという。その養成コースの講師をお願いできないかということだった。

プロ翻訳者を学校で養成するという考え方自体に違和感を持っていた私が、すぐには承諾せずに煮え切らない態度をとっていると、宮城さんが助け舟を出してくれた。

「まあ、とりあえず少しのあいだやってみて、それで何か問題が出てくるようなら、そこでまた考えればいいじゃないですか、ねえ、成瀬さん」

どこか不満そうな担当者のほうは向かずに、宮城さんは私のほうを向いて、そういった。あとできいたところでは、講師としては大学の先生など何人かの候補者がいたのだが、宮城さんが私のことを強く推してくれたということだった。おそらく私の当面の収入源のことを考えてくれていたのだろう。私は、やってみますと答えた。

こうして私は二〇〇二年十月からサイマル・アカデミーの英日産業翻訳者養成コースの講師として働くこととなった。だがこの時点では、この仕事を引き受けたことが私の人生にとって最大のターニングポイントになることなど知る由もなかった。どうやら人生というやつは頭で考えたこととは無関係の方向に進んでいくらしい。

素晴らしき受講生たち

サイマルのプロ翻訳者養成コースの目的はサイマル・インターナショナルのためのプロ翻訳者の養成であるとサイマルの担当者は説明した。だが本当のところをいえば、私は本物のプロ翻訳者の養成が学校でできるとは信じていなかった。

実際のところ、私がおつきあいをしていたプロ翻訳者のほぼすべてが、翻訳の現場にみずから飛び込み、そこでさまざまな苦難を経験し、傷だらけになりながら一人前になっていった「たたきあげ」であった。彼らが翻訳者を養成するための学校にわざわざ通う気になるとは、とても思えない。かくいう私だって、翻訳者になるために学校に通おうなどと思ったことは一度もなかった。

そのうえ、大学や専門学校とは違って、サイマルの翻訳コースを受けたからといって何かの資格がとれるわけでもない。プロ翻訳者になれるという保証もない。それでもサイマルでの授業をわざわざ受けにくるとすれば、かなりの物好きなのか、それとも何かの勘違いをしているのではないかと思っていた。おそらくカルチャーセンターのノリでやってくるのだろうとも考えていた。

ところが、そうではなかったのである。実際にレッスンをはじめてみると、私のなかにあったプロ翻訳者養成コースへの違和感は急速に消えていった。その理由は、予想もしていなかったほどの受講生の素晴らしさにあった。

ここでまずサイマル・アカデミーの翻訳者養成コースの概要をご紹介しよう。受講生の年齢層は三十歳代から六十歳代までがほとんどである。二十歳代はあまりいない。男女の比率は男性が二、三割、女性が七、八割といったところだ。職業は、さまざまである。サラリーマンが多いが、フリーランスや主婦もいる。

クラスは週一回、二時間である。平日の夜または土曜におこなわれる。毎回、課題が出されて、それをもとにして授業が展開される。クラスは基礎科、本科、プロ科とレベル別に分かれており、進級の基準を満たすと進級できる。そしてプロ科での最終基準を満たせば、サイマル・インターナショナルの翻訳部に翻訳者として登録される。すなわちプロの翻訳者としての第一歩を踏み出すことができる。

受講生のプロフィールを一部ご紹介しよう。

Hさんという人は主婦を数十年やってきたが、子育てが一段落ついたということで私のクラスにやってきた。好きだった言葉の勉強をもう一度はじめたいとの思いからである。Hさんは最初こそとまどっていたが、そのうちにどんどんと力をつけて、数年の勉強でサイマル・インターナショナルの翻訳者になってしまった。

Sさんという人は子育てをしながら秘書の仕事をしていたが、どうしても翻訳者になりたいということで私のクラスにやってきた。この人も数年でサイマル・インターナショナルの翻訳者となり、いまはサイマル・アカデミーの講師も務めている。

Iさんは某大手銀行の要職に就きながら私のクラスに通っていた。激務であり、家族との時間もとらねばならないので自分の勉強時間がとれるのは朝の一時間と土曜の数時間だけだといっていたが、それでもクラスには必ず出席していた。好きなお酒が飲めなくなったのがつらい、などと冗談交じりにいっていたのを覚えている。

Tさんは、私のクラスにやってきたときにはすでに七十歳を越えていた。ずっと会社経営をやってきたのだが、こんどは翻訳者として身を立てたいという。厳しい授業や課題を粛々とこなして、どんどんと実力を伸ばしていった。もう一歩でサイマル・インターナショナルの翻訳者になろうかというところで、事情があって経営の世界に戻らざるを得なくなった。

もしあのまま翻訳の勉強を続けていれば、Ｔさんは七十歳代半ばにしてプロ翻訳者としてのデビューを果たしていたことだろう。

サイマル・アカデミーの受講生たちはみな驚くほどに熱心で優秀で、そして真摯である。私は二時間休憩なしでレッスンをするのだが、授業中、彼らはずっと集中をしている。課題提出のために忙しい仕事のあいまをぬって勉強に取り組む。徹夜をする人もかなりいるようだ。

私はサイマルの受講生たちから本当にたくさんのことを学んでいる。彼らの姿をみていると、このような人たちがいるのであれば、日本と日本人はまだまだ大丈夫という思いが強くなる。そして、人間というものは何歳からでも、どんな環境下でも成長ができるものなのだということへの確信がふつふつと湧いてくる。

多くの人が勉強は若いうちにするものだと思っているようだが、それは違う。やる気にさえなれば、人間は何歳からでも学ぶことができる。そして学ぶことによって人間は必ず成長するものである。そのことをサイマルの受講生たちは私にいつも示してくれている。

私が受け持っているコースはプロ翻訳者を育成するためのコースではあるが、すべての受講生がプロ翻訳者になれるとは思っていない。プロの翻訳者はプロの音楽家によく似ており、なるためにはそれなりの才能と長い時間をかけての修練が必要だからだ。

それでも私は受講生の皆さんには事情の許すかぎり当コースをぜひ続けていただきたいといっている。

誰もが簡単にプロ翻訳者になれるわけではない。しかし勉強を続けることで間違いなく得るものがある。それは、みずからが成長しつづけているという確かな実感である。年をとろうが、いまの生活がどうであろうが、人間は努力をするかぎりいつまでも成長しつづけることができるのである。そしてそのことが実感できることは、社会的キャリアを得ること以上に人生にとって大切なことではないだろうか。

「英文和訳」と「翻訳」は同じではない

熱意と真摯さを兼ね備えたサイマル・アカデミーの受講生ではあるが、その一方で、ほとんどの受講生が翻訳学習を進めるうえでの深刻な問題を抱えている。英文和訳つまり「英語を日本語に訳す」という技法が身に沁みついてしまっているという問題である。

英文和訳つまり「英語を日本語に訳す」ことが翻訳のうえでの深刻な問題だといわれても、多くの人はピンとこないかもしれない。英語を日本語に訳すことこそが翻訳なのではないか、と思われる人も多いだろう。だがそうではない。なぜなら——おそらくこれをいうと、混乱はさらに増すだろうが——「英語を日本語に訳す」ことは、本質的に不可能だからである。

じつは、「英文和訳」と本当の意味での「翻訳」とは、その本質が異なるものである。「英文和訳」とは、英語という言語を日本語という言語に転写しようとするものである。それに対して、本当の意味での「翻訳」とは、英語を書いた人の心を日本語で表現することによって読み手の心へと伝えようとするものである。

別の言い方をすれば、「英文和訳」が英語と日本語という二つの言語をつなごうとする行為であるのに対して、本当の「翻訳」は英語の世界に生きる人間の心と日本語の世界に生きる人間の心という二つの心をつなごうとする行為である。

このことを理論的に深く説明しようとすると膨大な解説が必要だが、敢えて一言でいってしまえば英語の世界は英語の世界であり、日本語の世界は日本語の世界であって、そのあいだには決して転換することのできないものが存在するということである。これだけではなんのことかよくわからないだろうが。

ところがサイマル・アカデミーの受講生のほとんど、というよりも日本人のほとんどが英文和訳つまり英語と日本語に置き換えることをイコール「翻訳」だと思っている。そして学校英文法の知識と英和辞書があればそのような「翻訳」はできるものだと考えている。そしてそれを実行する。これが最大の問題なのである。

そうやって出来上がった日本語には当然ながら「人間の心」がこもっていない。花に例えれば、たんなる造花にすぎない。いちおう花のかたちはしていても、そこに「いのち」が宿っていないのだ。そして人間の精神にとって「いのち」の宿っていない言葉を浴びることほど有害なことはない。

こうしたことをいうと、それは文学などの翻訳の話であって実務の翻訳とは関係がないのではないかとの意見が出されることがよくある。

そんなことはない。政治であれ、法律であれ、ビジネスであれ、言葉はつねに生きていなければならない。つくりものでよしとした途端、そこにある人間の営みもまたその生命力を失う。政治は腐敗し、法律は束縛と化し、ビジネスは金儲けの道具へと成り下がる。

「英語を英語として読む」

私はサイマル・アカデミーの受講生だけでなく、できるかぎり多くの日本人に、英文和訳のような「翻訳もどき」ではなく人間の心と心をつなぐ本当の翻訳を学んでもらいたいと考えている。それが日本人と日本社会のグローバル化を進めるうえの最良の方法と確信しているからである。

そうした本当の翻訳を学ぶための基盤のひとつが「英語を英語として読む」能力である。そしてこの能力がサイマル翻訳コース受講生を含む、ほぼすべての日本人英語学習者に足りていない。

聞いたところによると、日本人が英語を読めるけれども話せないのは従来の英語教育の方法が悪いのであって、ゆえにオーラルコミュニケーション中心の教育方法に変えていかなければならない、といったような主張が日本の英語教育界で数多くなされているようである。

私からみると、この主張は的外れである。なぜなら、そもそも日本人のなかで英語が本当の意味で読める人などほとんどいないからだ。ゆえに「日本人は英語を読めるけれども話せない」という前提そのものが成り立っていないのである。

ここでの勘違いは、学校英文法と辞書を使って英文を日本語に置き換えて意味を理解するという方法を、「英語を読む」ことだと思っていることだ。これは英語を読んでいるのではない。「暗号解読」をしているだけである。

「英語を読む」とはそういうことではない。「英語を読む」とは、日本語をまったく介することなく「英語を英語として理解する」ことである。
具体的な条件をいえばこういうことだ。まず英文を戻り読みしなければ意味がとれないのであれば、それは英語を英語として読めていることにはならない。つぎに、読んでいる途中で辞書を使わなければならないのであれば、英語を英語として読めていることにはならない。そして、英語としての魅力がわからないようであれば、英語を英語として読めていることにはならない。

まとめておこう。辞書を使わずに前から順番に読み進んでいくだけで英文の全体の内容を十分に理解でき、さらに英文が持つ文体的な魅力も感じとれることが、「英語を英語として読む」ということである。

「英語を英語として読む」能力が足りないと、そもそも英語そのものを理解できないのだから、その英文を書いた人の心を十分に理解することができない。ゆえにそれを日本語で表現することもできない。つまり本当の意味での翻訳は不可能なのだ。ホースの最初の部分が詰まっているのだから水は流れようがないのである。

「読む」と「聴く」は本質的に同じもの

すでにお気づきの人もいるだろうが、ここまで「英語を英語として読む」ための条件として挙げてきたことは、じつは「英語を英語として聴く」ための条件でもある。すなわち、読む行為と聴く行為は本質的に同じものなのである。

ところがこれまでの日本の英語教育では、読むことと聴くこととは別のものだという誤った固定観念があった。おそらく「英文解釈」という名の「暗号解読」が学校英語の世界で幅を利かせていたからだろう。

問題は、この間違った固定観念がこれまでの日本人の英語学習を非常に大きく阻害してきたことにある。その弊害がどれほど大きなものだったかということは私自身がよく知っている。

私は中学高校のあいだ、ずっと「英文解釈」が英語にとって最も「本格的な」勉強の方法だと思っていた。読むことと聴くことが表裏一体の行為などとは夢にも思ったことはなかった。

英文を読む（解釈する）際には、構文をとると称して英文テキストにいろいろな矢印を書き入れてみたり、英文法書を見直して文法事項を確認したりしていた。意味がわからない単語についてはかたっぱしから英和辞書で調べて、それを単語帳に書き写した。先生がそうしろといったからだ。そしてそれらの情報をもとにして英文テキストを日本語に「翻訳」した。そのうえで意味を「理解」した。

だから一ページを読む（解読する）ために三十分、時には一時間も二時間もかかったりした。それで英語を勉強したつもりになっていたのである。いまから振り返ると、なんと愚かなことをしていたのであろうか。

はっきりといおう。学校英文法を使っての「英文解釈」にいくら精通したところで英語を英語として読めるようにはならない。すなわち英語ができるようにはならない。こんなばかばかしいことはもうやめようではないか。

英語力を伸ばす学習方法

ここまで翻訳の基盤のひとつが「英語を英語として読む・聴く」能力であることを説明した。そしてその能力が翻訳学習者に限らず、ほぼすべての日本人に欠けていることを指摘した。さらに「英文解釈」が「英語を英語として読む・聴く」能力の習得には向いていないことを示した。

では、どのようにすれば私たちは「英語を英語として読む・聴く」能力を伸ばすことができるのだろうか。そのためには、私たちは具体的にどのような学習をすればよいのだろうか。そのための理論と学習方法を体系的かつ実践的に提供することこそがＯＮ＆ＣＯＭＰＡＮＹのミッションなのであるが、それを詳しく説明するとなると別の本が必要なので、ここではさわりの部分だけを紹介する。

英語学習のための適切な理論と方法論を持つ

「英語を英語として読む・聴く」能力を伸ばすために必要な第一の条件は、その学習のための適切な理論と方法論を持つことである。どのような技能の学習でも同じことだが、適切な理論や方法論もなくただがむしゃらに修練を重ねたところで上達は望めない。

英語関係者のなかには英語を英語として読むことを主張する人が私のほかにもかなりいるのだが、そうした人のなかで「英語を英語として読む・聴く」ための学習における理論や方法論を提唱している人の数はそれほど多くはない。以下では、英語を読む理論・方法論の有名な例として、國弘正雄の「只管朗読」と伊藤和夫の「直読直解」をご紹介しておく。

サイマル・インターナショナルの創業者のひとりである國弘正雄（一九三〇年〜二〇一四年）

は、英語学習の方法として「只管朗読」(しかんろうどく)を提唱した。これは禅の「只管打坐」をもじったもので、英語のテキストをただただ無心になんども繰り返し朗読すると英語の力はおのずとから身についてくる、という考え方である。

この國弘の考え方は根本的には正しいのだが、じつはかなり危険な考え方でもある。國弘の本意からは外れて、たんに多読・多聴をすれば英語は身につくものだといった安直な考え方に陥ってしまいがちだからである。さらには「英語に本格的な勉強は不要だ。とにかく『習うより、慣れよ』である」などといって、きちんとした方法論のもとでの勉強を避けることの口実に利用する連中さえもいる。

駿河台予備校の英語講師であった伊藤和夫(一九二七年~一九九七年)は、「直読直解」を提唱した。伊藤が一九七七(昭和五十二)年に発表した『英文解釈教室』は現在でも多くの英語関係者のバイブル的な存在とされている。私が伊藤の『英文解釈教室』に出会ったのは五十歳近くになってからだったが、伊藤の理論と方法論からは非常に大きな影響を受けている。その意味で伊藤は私の研究上での恩師のひとりである。

伊藤のいう「直読直解」とは、英語を英語として読むという、まさにそのことであった。伊藤は、それを「言葉の仕組み」という枠組みのなかで理論・方法論として確立しようとした。ただそのために理論・方法論としてはかなり複雑なものにならざるを得ず、ときには難解すぎるとの指摘を受けることもあった。

私がおこなってきたのは、伊藤のいうところの「直読直解」に関して「言葉の仕組み」という枠組みを外し、「心の仕組み」という枠組みにまで拡張したうえで考察をしなおしたことである。さらには、その考察の領域を英語だけではなく日本語や翻訳のあり方にまで広げて、それらのすべてを含むひとつの理論・方法論として体系化したことである。それが私のつくった「心」（「心の英文法」「心の日本語文法」「心の翻訳」）理論であり、それをベースとする「心」メソッドである。

英語学習のための適切な戦略・戦術を持つ

「英語を英語として読む・聴く」能力を伸ばすために必要な第二の条件は、学習のための適切な戦略・戦術を持つことである。たとえ適切な理論と方法論があったとしても、それを学習に活かすための適切な戦略と戦術がなければ、効果的に学習ができず、ゆえに上達は望めない。

そこでここからは、「心」メソッドにおける「英語を英語として読む・聴く」学習のための戦略と戦術の一部をご紹介しよう。

まず、英語学習の目的と分野を、最初は思い切ってひとつだけに絞り込むことである。英語を学ぶといっても、その領域はあまりにも広い。すべてをマスターすることは一生かかっても不可能である。ゆえに、まずは「一点突破」をはかることが重要である。なにかひとつの領域の英語がしっかりと身につくと英語に対する自信が生まれる。そうすると、そこから次へと学習がつながっていくものである。

たとえば、日本にやってきた外国人に日本の紹介をするために英語を学ぶのだとしよう。であれば、日本に関するテキストに徹底的に絞り込んで学習することである。幸いなことに日本に関する英語のテキストは本にもネット上にも膨大にあるので学習に困ることはない。

あるいは、世界的に活躍できるビジネスマンになりたいのだとしよう。それであれば、ビジネス関係、それも携わっている分野の英語テキストだけに徹底的に絞り込んで学習をしよう。そのビジネス分野の英語であれば英米人よりも知識が深くなることを目指すのだ。

つぎに、学習教材のレベルに関する認識を間違わないことである。

よくあるアドバイスのひとつに、自分が無理なく読めるやさしいレベルのテキストからスタートして徐々にテキストレベルを上げていけばよい、というものがある。このアドバイスは、半分は正しく、半分は間違いである。

たしかに、まったくお手上げ状態のハイレベルのテキストで学習を進めるとなると、そのテキストを理解するには英文和訳という「暗号解読」をする以外に手立てがなくなる。それは避けなければならない。だからといって、やさしいという理由だけで子供が読むようなテキストや内容の薄いテキストばかりを読むのは、たんなる時間とエネルギーのムダである。これも避けなければならない。

ではどうするのかだが、たとえば、日本の紹介をしたいという目的や国際的なビジネスマンになりたいという目的であれば、最初から現場で用いられている英語テキストを学習するべきである。ほとんどの学問分野の英語についても同じであり、最初から現場の英語テキストを学習するべきである。こうした分野では、文章としての魅力ではなく内容の伝達を第一義とするので、極端に高度で複雑な英語が用いられることは原理的にあり得ない。したがって、学習のスタート時点から本物のテキストにぶつかっていくのが最良の方法である。

一方で、文学やジャーナリズムの英語は、内容を伝えると同時に「読ませる」ことにも重点を置いているので、英語自体がかなり「ひねくれて」いる。こうしたテキストをきちんと「英語を英語として読む」とすれば、相当の英語力がないと無理である。したがって、こうした分野での英語の読み書きを学習するのであれば、最初はやさしく書きなおした英文や初心者向けの英語新聞などを利用するしかないだろう。

そして最後のアドバイスとして、英語学習の目標管理を徹底することをお勧めする。

私の目からみると、多くの人が綿密かつ具体的な目標を決めずに英語学習を進めているようにみえる。これは非常にもったいない。せっかく多大な時間とエネルギーをかけて英語の学習をするのであるから、目標をしっかりと決めて、そして必ず成果を出すべきである。

目標設定としては、短期（三カ月）、中期（一〜二年）、長期（五年〜十年以上）の三つに分けて目標をたてるとよいだろう。

たとえば短期目標であれば、英語テキストを五百ページ以上読む、英語学習書を五冊以上読む、英語のテキストを五十ページ以上書く、などといった具体的な目標がいいだろう。中期目標としては、ビジネスマンであればビジネスプレゼンやビジネス交渉が過不足なくできるようになるといった目標が考えられる。日本紹介であれば外国人観光客への実際のガイドが過不足なくできるようになるといった目標が考えられる。そして長期目標としては、その分野での日本のトップになるといった大きな夢を含んだ目標がいいのではないだろうか。

英語学習のための適切な学習プログラムを用意する

「英語を英語として読む・聴く」能力を伸ばすために必要な第三の条件は、それぞれの学習者の目的に見合った学習のために適切なプログラムを用意することである。

このような学習プログラムづくりの支援こそ、ON&COMPANYの重要なミッションのひとつである。なぜならば、日本人英語学習者それぞれの英語の力をさまざまな観点から正確に測定し、それに対応する具体的な英語学習プログラムを組み立てられるのは、本当の英語のプロフェッショナル、それも日本人の英語学習の真の問題点について深く精通している日本人だけに限られるからだ。日本人による日本人のための英語教育プログラムの開発と提供こそがON&COMPANYの基本理念であり、強みである。

静かで豊かな生活

読書と執筆の日々

会社をたたんで杉並の善福寺池のほとりのアパートに転居したのは、二〇〇二（平成十四）年の夏のことである。それから二〇一五（平成二十七）年の夏までの十三年間をそこで暮らした。収入はサイマル・アカデミーの講師料と経済金融分野のフリー翻訳者としてのわずかな翻訳料だけになったが、なんとか暮らしていけている。

この十七年のあいだ、私はサイマル・アカデミーのレッスンのために都心に出る以外には、ほとんど外出することがなかった。ランニングやウォーキングをしたりはするが、それ以外のほとんどの時間は小さな部屋でさまざまな本たちに囲まれて暮らしている。人に会うこともあまりない。ずっと待ち望んでいた、さまざまな本を読んで勉強をし、ものを考えるだけの静かで豊かな生活が、こんなかたちで実現したのである。

最初の頃は本を読んで勉強をしている時間が多かった。だが次第に自分の原稿を書く時間が増えた。この十七年間で書いた原稿の量は原稿用紙で数万枚分になっている。

いつかは自分の考えを世に出したいとは思っていた。また翻訳者としての専門領域である経済金融分野での高度な専門知識を持つ本物のプロフェッショナルになりたいとも思っていた。

だがそれ以上に、自分が二十代から考えて続けているテーマ――日本語で認識・思考・表現するとはどういうことなのか、英語で認識・思考・表現するとはどういうことなのか、この二つの認識・思考・表現をつなげるには何をどうすればよいのか――をひとつの体系としてまとめあげたい、それをもとにして英語教育と翻訳の新しい理論とメソッドをつくりたいとの思いのほうがはるかに強かった。なぜなら、それこそが自分のライフワークであり、それを完成させてはじめて私は自分自身を信じられるようになると考えていたからだ。

四畳半の部屋で数千冊の本たちに囲まれながら、私は自分の頭のなかにずっと棲みついているさまざまな課題たちを考え続けた。そしてそれに対する自分なりの答えを文章にまとめていった。そうやって考え続けていると、二十代からずっと考え続けてきた課題に対する答えが頭のなかで少しずつかたちになっていくこともあった。至福の時だった。

ある文章を書き上げたときのことである。ジグソーパズルの最後のピースが入ったと、ふと感じた。もちろんまだ解決しなければならない課題は山のようにあるのだが、しかし、これでもう私の研究の骨格は変わらないだろうと確信したのである。

「心」理論

その後、それまでに書いた文章の一部を「心の英文法」「心の日本語文法」「心の翻訳」という三つの論にまとめた。これが私の「心」理論である。この理論は、言葉ではなく人間を中心に据えた私独自の日本語・英語モデルであり翻訳モデルである。ＯＮ＆ＣＯＭＰＡＮＹ

の英語プログラムはこの「心」理論をベースにして組み立てられている。以下、「心の英文法」「心の日本語文法」「心の翻訳」についてその概要だけを手短に説明する。

「心の英文法」は、「文法」と名乗っているものの従来の英文法のように英語の言語としての体系化を目指すものではない。そうではなく、（私たち日本語ネイティブも含めて）人間が英語で世界を認識し、思考し、表現するときの「心のはたらき」の体系化を目指すものである。

ただ、その際に従来の英文法からあまりにかけ離れてしまうと実践的ではないので、構築にあたっては従来の英文法の概念をできるかぎり利用しながらの体系化を目指した。

「心の日本語文法」は、外国人への日本語教育に用いられている日本語文法、および日本で研究されてきた各種の優れた国文法を参考にしながら、人間が日本語で世界を認識し、思考し、表現するときの「心のはたらき」の体系化を目指してつくられたものである。

日本人の最大の欠点のひとつは、自分の母語である日本語を軽んじていることである。私たちが英語を学ぶうえの基盤となっているのは、間違いなく日本語の力である。その基盤を軽んじているようでは英語の力も伸びようがない。

そして最後に「心の翻訳」であるが、これは言葉と言葉をつなごうとする従来の翻訳観を完全に打破して、人間の心と心をつなぐことを翻訳だと規定しなおしたうえで、「心の日本語文法」「心の英文法」を基盤としながら、翻訳の理論と手法を体系化したものである。いわば翻訳における一種の革命であり、パラダイム・シフトである。

私の「心」理論は、完成にはまだほど遠い。これから解決していかなければならない課題が山のようにある。これからもそれらをひとつずつ解決していかなければならない。数十年をかけてやってきた「心」理論の研究だが、これからもずっと続けることになるだろう。

「心」メソッド

「心」メソッドは、「心」理論をベースとして私が開発した日本人のためのグローバル英語学習メソッドである。他のさまざまな英語学習メソッドと「心」メソッドとの本質的な違いは次の点にある。

○目標は「日本人の第二言語としてのグローバル英語」の習得――「心」理論、「心」メソッドではグローバル英語とネイティブ英語とを別の言語として認識しており、日本人が習得目標とすべきはグローバル英語と規定している。ネイティブ英語はグローバル英語習得後の学習選択肢のひとつとして取り扱う。たとえば英米に留学するのであれば日本でグローバル英語を習得してから留学すれば現地でのネイティブ英語習得を効率的におこなうことができる。

○「心の翻訳」の利用――「心」メソッドでは、ダイレクト・メソッドのように日本語での思考を完全否定するのではなく、日本語で考えたことを英語で表現するための理論と技法、すなわち「心の翻訳」を利用する。これによって日本語の世界と英語の世界とを自由に行き来できるようになることが「心」メソッドの目標である。

○「書く・読む」を通じて「話す・聴く」を強化――英語を書く力は英語を話す力につながり、本当の意味での英語を読む力は英語を聴く力につながるとの考えのもとに「書く・読む」学習を通じて「聴く・話す」を伸ばす学習プログラムを組み立てる。会話については特別視しない。

○アウトプットの重視――日本人は特にアウトプット力が弱い。それは日本語でも同じである。ゆえに「心」メソッドでは英語の学習でもアウトプット重視の学習プログラムを組み立てる。なかでもスピーチとプレゼンテーションの学習を重視する。

○実践的成果の重視――たとえばビジネスマンの英語学習であれば英語力をつけることではなく仕事力をつけることが目的であることから、学習プログラムの最初から英語でのビジネスメールを書き、英語でのプレゼンをおこなう。仕事力の強化につながらないような、英語のためだけのトレーニングはしない。

翻訳スクールなどで実践

二〇一五年ごろからは、サイマル・アカデミーの翻訳コースで「心」理論をベースとする独自のテキスト集と演習問題集を本格的に使いはじめた。「心」理論は、従来の翻訳の概念を根底からくつがえす革命的なものであるから、受講生にどのように受け入れられるのかが少し心配だったが、幸いなことに評価はそれなりに高いようだ。今後はテキスト、演習問題集とともに継続的に改訂・増補を重ねていくつもりである。

「心」メソッドを用いた英語教育についても、まずは社会人向けのレッスンからスタートした。吉祥寺の駅前のイベントスペースで早朝の時間帯に社会人向け英語講座を開催した。また個人のインターネットサイトを通じて生徒を募集したところ何人かから連絡があり、少しずつだが社会人向けの英語レッスンの技術と経験の蓄積ができつつある。

第6章

ふたたび、ビジネスの世界へ

「心」理論と「心」メソッドを世に出したい

「心」理論と「心」メソッドの完成に目処がついた頃から、私の心のなかで変化が起こってきた。それまでに積み上げてきた翻訳と英語教育の理論と手法を世の中に出したい気持ちが強くなってきたのだ。それまでは読書と研究と執筆だけに向いていた自分の気持ちがふたたび外に向かい出したのを感じた。

日本語、英語、翻訳をつうじての人間と日本人の研究に志を立ててから四十数年が経っていた。最初はぼんやりとしか見えていなかった何かがそれなりにはっきりと見えてきた。これは学者の地位を得るとか世の中に名を知られるといったこととは無関係の自分の人生における真の喜びであり、誰にも奪い取られない私だけの宝物である。

だがそれでもやはり、自分が時間をかけてつくりあげてきた理論と手法をなんらかのかたちで世に出したいという気持ちは徐々に強くなっていった。

もちろん世の中に認められたいという我欲を満たしたいのが第一の理由ではある。だがそれと同時に、私がつくりあげてきた理論とメソッドは、英語や翻訳を学習したいと思っている多くの日本人にとって、他のいかなる理論やメソッドよりも役に立つという自信があった。日本人のあり方を根底から変えるためのひとつの手段にもなり得るとも思っていた。「心」

理論と「心」メソッドを世に出すことには価値があると私は思っている。

そこで世に出すための方法として出版社から本を出すのがよいのではないかと思い、いくつかの出版社に原稿を送った。だがほとんどまともに相手にされなかった。

おそらくそうだろうとの予感はしていた。私の理論とメソッドは英語教育と翻訳におけるパラダイム・シフトである。既存の理論やメソッドに慣れ親しんだ専門家であればあるほど受け入れることは難しいと想像がつく。

実際のところ、多くの翻訳や英語の研究者の方々と私は話がかみ合わない。どちらがよい、悪いというのではなく、思考を展開するうえでの根っこの部分が私と彼らとではまるで違うからだ。

彼らは言語や翻訳の研究者である。だが私は突き詰めると言語や翻訳の研究者ではなく人間と日本文明の研究者である。私にとって言語や翻訳は人間や日本の研究のための最重要基盤ではあるが、最終的な研究対象ではない。

彼らは「科学」や「論理」といった概念を非常に重視する。私は「科学」や「論理」を一種の道具とみている。利用はするがそれ以上ではない。「科学」や「論理」は近代西欧主義の落とし子であるから、無批判に使ってしまうと思考自体が近代西欧主義に取り込まれてしまう。言語や翻訳といった多文化・多文明にまたがる領域の研究ではそうした事態に陥ることを特に避けなければならない。

彼らは「日本と日本人とは何か」「これからの日本と日本人はどうあるべきか」といった議論にはなるべく関与しないようにしている。関与するとしても「日本と日本人はグローバル化するべきだ」といった意見に踏みとどまり、それ以上の議論の深みには踏み込もうとしない。

だが私にとって日本と日本人が今後どうあるべきかは研究の原点に位置する最重要テーマである。このテーマに触れないで言語や翻訳の論だけを展開することは私にはできない。したがって私の論は必然的に愛郷主義的な色合いを持つ。「日本人としてのプライドを再構築しよう。そのためにまずグローバル英語をマスターしよう。英米人にみずから隷属するメンタリティはもう捨てよう」が私の主張の中心である。

最終的に私は「心」理論と「心」メソッドを世に出すには実際のビジネスでそれを活用することが最良の方法だとの考えに至った。すなわち私の理論とメソッドをベースとする英語教育サービス、翻訳教育サービスを実際に世の中に提供していくのである。

だがその一方で、自分自身でそうしたビジネスをふたたび立ち上げられるとは、とても思えなかった。自分がどれほどビジネスの世界に向いていないかは痛いほどにわかっている。自分だけでやったところで結局のところ失敗に終わることは火を見るよりも明らかだ。反省もせずに愚かな間違いを繰り返すのはサルにも劣る行為であろう。

それからしばらくのあいだは、どうやって「心」理論と「心」メソッドを世に出せばよいのかもわからず、そのまま時間が流れていった。

頼もしき「相棒」の登場

転機は思わぬかたちでやってきた。

二〇一五（平成二十七）年の夏のことである。十三年間を過ごした善福寺のアパートをひきはらって、同じく杉並区の久我山に引っ越しをした。一番の理由は本がアパートの部屋に入りきらなくなったからである。

そして引っ越したアパートのすぐ近くに居をかまえていたのが、高校時代の友人であり、学生時代に国際学生協会を私に紹介してくれた、あの小笠原恒夫だった。小笠原が近くにいたので久我山に引っ越したのではない。不動産屋で見つけたアパートが、たまたま小笠原の家の近くだったのである。

小笠原は高校から大阪大学に進み、株式会社電通に入社してからは、ずっと広告業界を歩んできた。勤め先はずっと東京だったが、執行役員となった後は大阪駐在役員として大阪に転勤し、その後また東京に戻ってきていた。

引っ越しを終えてから小笠原に連絡をとると、歩いて会いにきてくれた。私の新しいアパートと小笠原の家とは数キロも離れていない。歩いても十分程度である。考えてみれば、大阪の二人の実家同士も数キロも離れておらず、高校時代には歩いてお互いの家を行き来したものだ。それから四十年以上を経て、二人の地理的関係がまた同じになったわけである。その後しばらくして、小笠原は電通を定年退職してフリーの身となった。

二〇一七年のことだったと思う。「心」理論と「心」メソッドを世に出すための出版社や専門家との関係構築に行き詰っていた私は、SNSで「だれか一緒に英語関連のビジネスを立ち上げてくれる人はいませんか」というメッセージを発信した。目算があってのことではなく、打つ手がなくなったすえの苦し紛れの一手だったといってよい。したがって、誰かがそのメッセージに応えてくれるなどとは、ほとんど思っていなかった。

するとも、小笠原から電話がかかってきた。

「ビジネス立ち上げの件、手伝ってやってもええよ」

「えっ？　ほんまか？」

「ああ」

「いやあ、たいへんやで。ほんま、大丈夫か？」

思わず本音が口から出た。

「なにをいっとる。お前が手伝ってくれとフェイスブックに載せたんやろ」

「まあ、それはそのとおりやけど」

「とりあえず話をききたいんで、いちど会おう」

「わかった」

電話をきってから、こんな危ないことに小笠原をまきこんでいいのかどうかを少し考えた。

「危ないこと」と書いたが、ビジネスを立ち上げるということがどれほどに危険なことかを私は知りすぎるほどに知っている。うまくいかない場合には、それをはじめた本人だけではなく、まわりにもさまざまなトラブルが降りかかる。お金だけのことではない。それよりも人間関係のトラブルのほうがさらに危険である。

ただ今回のケースについては起業に伴う危険度はそれほど高くないのではないかとも考えた。二人ともすでに六十歳を越えており、それなりの生活基盤がそれぞれにある。またこれまでの社会経験などを考えると無分別にものごとを進めていくというリスクは低い。お互いの性格が十分にわかっているのでコミュニケーションでのトラブルも考えにくい。

さらにいえば、まったく違う性格であり、まったく違う人生を歩んできた二人が組むことで、これまでにはない何かが生み出されるかもしれないとも思った。

最大の問題は、私のやろうとしていることの本質を小笠原が理解してくれるかどうかにあると思った。それまでかなり数多くの人に私がやろうとしていることを説明したが、その使命と理念とを深く理解してくれる人は、ほとんどいなかった。たんなる英語教育の改善の話、翻訳の理論の話と理解されるのが普通だった。

外部関係者ならばそれでもよいが、一緒にビジネスを展開しようとするのであれば使命と理念とを深いところで共有できなければ、あとになって深刻なトラブルが生じることになる。そうした事態は避けたい。

そこで私は小笠原に会うと、自分がやってきた言葉と翻訳の研究についてひととおりの説明をした。すると驚いたことに、彼はこれまでの誰よりも、その本質を深く理解したのである。

「まあ、中身の細かいことはようわからんが、それはようするに、こういうことみたいやな」

「そうや、そういうことや」

「ただ、これではビジネスには、ならんなあ」

「ん？」

「おまえの話の筋道はよくわかるが、アプローチが独特すぎるので、ふつうの人間には、わかりにくい。ふつうの人間にもよくわかるようにせんと、ビジネスとしては成立せんわな」

「そうはいうけれど、おれの理論やメソッドはこれまでの常識をひっくり返すものやから、それを無理にわかりやすくすると、相手はこれまでの常識のなかに落とし込んで理解しようとするかもしれんぞ。そうなると元も子もない。そやから、ちょっとぐらいわかりにくくても仕方ないと思うけどな」

「それは、研究者的な発想やな。たしかに自分の研究の成果を仲間にわかってもらうことが目的とすれば、それもありかもしれん。

そやけど、いまやろうとしているのはビジネスや。ビジネスの目的は、お客さんに価値あるサービスを提供することにある。そのためには、お客さんにまず十分にサービスの中身をわかってもらわなければならん。それができんかったら、ビジネスは成り立たん。

なにも、自分の意見を曲げろとか、常識的になれということではない。そんなことをしたら、逆に、お前が持っている独創的な価値がなくなってしまう。そうではなく、お前が考えていることを、もっとふつうのお客さんにも簡単にわかってもらえるようにせなあかん、ということや」

「ムチャ、いうなあ。そんなことができるのやったら、誰も苦労なんかせえへんで」

「まあ、お前の『心』理論と『心』メソッドとを、とにかくまずはマーケットにさらしてみることやな。そうすると、その反応からいろんなことが少しずつ見えてくるはずや。それを土台にして具体的なビジネス展開について考えていけば、それでええんとちゃうか」

これはいける、と思った。小笠原は私の研究の本質とやりたいことの方向性を深く理解したうえで、ビジネスのプロフェッショナルとしての観点から、今後のビジネスの進め方を具体的に提示してくれた。これならば二人で新しい何かをつくりだせるかもしれない。

すでに小笠原は電通を退職してフリーになっていたので、会社を立ち上げて、そのうえで英語ビジネスを展開していこうということになった。以前とは違って、いまは簡単に法人をつくることができる。資本金もほとんどいらず、会社をつくることのリスクは非常に小さい。会社名はON&COMPANYとした。小笠原のOと成瀬のN、そして仲間たちという意味でのCOMPANYである。会社は二〇一八(平成三十)年六月に設立された。新しい旅への出発である。

日本人の第二言語としてのグローバル英語（GESL）

ON&COMPANYの英語ビジネスの方向性であるが、二人で相談したうえ、「心」理論と「心」メソッドをベースとする「日本人の第二言語としてのグローバル英語」のレッスンがビジネスとして成り立つのかどうかを、まずはマーケットで検証してみることとした。「第二言語としてのグローバル英語（Global English as a Second Language, GESL）」（または「第二言語としての国際英語（International English as a Second Language, IESL）」）という概念について説明しておきたい。

おそらくこれを読んでいるすべての人が「第二言語としてのグローバル英語」（GESL）という概念を、これまでに一度も聞いたことがないはずだ。なぜならばこの概念は、私が数十年の研究と考察のすえに最終的にたどり着いた、これまでにはない新しい概念だからである。だからグーグル検索をしても、ほぼ何もヒットしないはずである。

ただし「第二言語としてのグローバル英語」（GESL）は私が創案した新しい概念ではあるものの、以前から存在するいくつもの英語学習の概念からかけ離れたものでは決してない。それらの既存の概念から、いわば必然的に発展、進化したものである。たんなる自分勝手なつくりものではないことを、ここに強く申し添えておく。
そしてさらにいうならば、この「ＧＥＳＬ」という概念が自分のなかで固まったその瞬間、私は自分が日本の英語教育を根底から変えられると確信したのである。

なぜ「ＧＥＳＬ」という概念が必要か

「第二言語としてのグローバル英語」（ＧＥＳＬ）という概念は、日本の英語教育のパラダイム・シフトにとって不可欠な要素だと私は考えている。なぜならば、自分にとって英語学習とは何なのかという、まさに学習の根幹をなす部分に対する深い理解が、これによって可能となるからである。

英語を学習するうえでの具体的な目的については、人によってさまざまだろう。たとえば外国人と自由に話したいというのが目的の人は多いだろう。学校や職場での英語テストの点数をとるのが目的だという人も多いことだろう。キャリアアップのために英語を勉強する人もいるはずだ。

しかしそうした実利的な目標については横においておき、もっと本質的で深い部分の観点から、そもそもなぜ英語を勉強するのかと問われれば、多くの人が自分を成長させたいから、と答えるのではないだろうか。

では、「自分を成長させる英語」とは、はたしてどのような「英語」なのだろうか。日本人である私たちにとって「ネイティブ英語」は母語ではないのだから、英語ネイティブのように英語を使いこなせることが日本人としての成長につながるとは、私には思えない。逆にそれは、日本人としてのプライドを奪い去って自分自身を「英米人もどき」に落としめる行為であるのかもしれない。

したがって、「ネイティブ英語をマスターする」ことを目的とする英語学習は、日本人として「自分を成長させる英語学習」とはいえないと私は考える。もちろん、もし日本人であることをやめたいのであれば、話は別だが。

私の考えはこうである。すなわち、日本語ネイティブである私たちが、日本語ネイティブであることの壁を乗り越えて、世界の人々と自由に交流できる能力を獲得することが、私たちの英語学習の真の目的である。

であれば、その学習対象の「英語」とは「ネイティブ英語」ではなく「第二言語としてのグローバル英語（ＧＥＳＬ）」のはずである。この「ＧＥＳＬ」を母語の日本語に次ぐ「第二言語」として習得することこそ、私たち日本人の英語学習の本道だと私は考える。

なお「第二言語」とは「第一言語」（私たちにとっては日本語）に準じるもうひとつの自分自身の言語のことである。私たちが「ＧＥＳＬ」を学ぶ最終目標は、「ＧＥＳＬ」を自分自身の第二の言語として獲得することにある。つまり私たちが日本語と「ＧＥＳＬ」との「バイリンガル」になることである。

「ＧＥＳＬ」の獲得は日本語の進化にも寄与する

私たちが「ＧＥＳＬ」をみずからの第二言語として獲得することは、私たちの第一言語（母語）である日本語の発展、進化にとっても大きな意義があると私は考える。

私たちの母語である日本語は世界のなかでも他に類のない「ハイブリッド」言語である。ふだん私たちは、私たちの心の故郷ともいえる「やまとことば」を基盤としつつ、古代に中国から輸入した漢語、そして近代になって欧米から輸入した「カタカナ語」「翻訳漢語」をひとつに融合させて用いている。これが、近代日本語の世界だ。

このハイブリッド言語を利用することで私たち日本人は「和漢洋」の三つの文明間を自由自在に往来できるようになった。すなわち、やまと民族としての伝統的な心情を現在でも表現できる（たとえば和歌）と同時に、東アジアの基盤文明である中国文明にも通じ、さらには近代西欧的な理知的内容についても過不足なく理解できる（たとえば科学技術）。

　このように近代日本語は、ある意味で「スーパー言語」である。そしてこのスーパー言語をつくりあげたことで、日本はその他の国に先駆けて近代西欧文明を内部に取り込むことができた。このことは多くの学者たちが詳細に論じているところである。

　その一方で、日本語には大きな欠陥もある。日本語は古代の中国文明、近代の西欧文明という大きな文明を外から取り入れることに力を注いだ反面、みずからの文明文化を外に発信しようとする取り組みをほとんど行ってこなかった。

　そのため、近代日本語は世界への「グローバル発信力」が非常に弱いのである。例えていえば、近代日本語とは超高性能な受信機能を持っている反面、非常に低水準の発信機能しか持っていない無線装置のようなものである。

「西欧に追いつけ」の時代にはそれでもよかったが、いまは違う。さまざまな面でグローバル化が急速に進むなかで「グローバル発信力」に劣る言語は致命的なハンディキャップを背負うことになる。少なくとも今後の発展は望めず、ひょっとすると、その他の巨大言語（たとえばネイティブ英語）に飲み込まれてしまう可能性もある。

　したがって近代日本語の焦眉の課題は「グローバル発信力」をなんとしても高めることで

ある。それ以外に日本語文明が二十一世紀を乗り切ることはできないと私は考える。

そしてもし日本語文明が二十一世紀を乗り切ることができなければ、それは私たち日本人だけでなく人類全体にとっても大きな損失である。なぜなら世界の歴史のなかでも他に類のないユニークな言語文明を人類は失ってしまうことになるからだ。

では、近代日本語の「グローバル発信力」を高めるためには具体的に何をすればよいのだろうか。

私の考えでは、その最良の方法は、日本人が日本語と「ＧＥＳＬ」のバイリンガル人材となり、日本語の世界と「ＧＥＳＬ」の世界とを自由に往来できるようになることである。

なぜなら、日本語の世界と「ＧＥＳＬ」の世界とを自由に往来するためには、私たちは日本語の思考の仕方を現在の「ローカル対応」から「グローバル対応」へと変えていかざるを得ないからである。

この変革をおこなうことによって、近代日本語は「和漢洋」に対応できるスーパー言語の特性を持つだけではなくグローバル発信力をも併せ持つ、いわば「ウルトラスーパー言語」へと進化していくことができる。

そして、このような「ウルトラスーパー言語」へと進化できる可能性を持っているのは、世界の言語のなかでも日本語、ただひとつである。

「心」理論と「心」メソッドによるＧＥＳＬ学習

以上のことから私は、「日本人の第二言語としてのグローバル英語（ＧＥＳＬ）の習得」という新しい理念を日本の「英語」学習の基盤に据えることを提唱したい。

「ＧＥＳＬの獲得」という理念を基盤に据えると、日本人の英語教育のあり方は根底から変わらざるを得ない。ただしそのためには、それにふさわしい実践的な学習ツールが必要となる。そのベースとなるのが、私の「心」理論と「心」メソッドをベースとする「ＧＥＳＬ」学習プログラムである。

「心」理論と「心」メソッドによる「ＧＥＳＬ」学習プログラムについての詳細説明は別の本でおこなうとして、ここではその骨子だけを述べておこう。

最終目標は「グローバルジャパニーズ」になること

学習の最終目標は、私たちが日本人として世界の人々と自由に交流できる能力を獲得することである。すなわち私たち日本人が「ローカルジャパニーズ」から「グローバルジャパニーズ」へと進化することである。英語ネイティブのように英語が話せるようになるといったことは学習の最終目標にはならない。

英語の世界認識、英語の思考システムを習得する

それぞれの言語はそれぞれの言語なりの世界の認識方法と思考のあり方を持っている（グローバル英語を含む）。英語という言語は二項対立的で客観的な世界認識や思考方法を好むのに対して、日本語という言語は全体的で主観的な世界認識や思考方法を好む。これが日英両語の認識や思考での本質的な違いを生み出している。この違いを深く理解しなければ私たち日本人は英語を自分の第二言語として習得することができない。

「GESL」としての発音、文法、表現を学ぶ

グローバル英語は世界中の人々にとっての第二言語であるから、発音、文法、表現は世界中の人々にとってわかりやすく習得しやすいものでなければならない。したがって英語ネイティブにしか使いこなせないような難しい発音、文法、表現についてはグローバル英語からは排除される。

日本語の能力を高める

私たちが「第二言語としてのグローバル英語」を学ぶための最も重要な基盤は、第一言語である日本語の能力である。ゆえに、日本語を学習してその能力が高まれば「GESL」の能力も改善する。たとえば、日本語の世界認識、日本語の思考システム、つまり「日本語の世界」を深く理解することによって「英語の世界」をより深く理解することが可能となる。

私たち日本人は驚くほどに日本語のことを知らない。学校の国語の授業では、文学は教えてくれても日本語についてはほとんど教えてくれない。学校で教えられている国文法が近代日本語の分析には役に立たないことは大多数の学者が認めている。

逆にいえば私たち日本人はまともな日本語教育を受けていないがゆえに日本語において大きな伸び代を持っているということである。したがって適切なトレーニングさえ受ければ誰もが日本語力を大きく伸ばすことができる。

「発信力」トレーニングを重視する

これまでの英語教育は「発信」をあまりにも軽視していた。「心」理論と「心」メソッドによる「ＧＥＳＬ」学習プログラムでは「受信」トレーニング以上に「発信」のトレーニングをおこなう。「発信」トレーニングのなかでは「スピーチ」「プレゼンテーション」を重視する。これらには原稿を「書く」トレーニングが含まれるからである。

実践力の育成を重視する

たんに「英語ができる」ことに意味はない。グローバル英語の能力を用いて何をするのかが重要である。たとえばビジネスマンであれば「グローバルジャパニーズビジネスマン」となってみずからのビジネス範囲を広げていくといった目標が考えられる。「心」理論と「心」メソッドによる「ＧＥＳＬ」学習では、そうした個々の実践にマッチした個別プログラムを作成してトレーニングをおこなっていく。

試行錯誤の日々

会社を設立すると同時に、私たちは「心」理論と「心」メソッドによる英語教育をマーケットに「さらしてみる」ことにした。具体的には近くのレンタルスペースを用いて英語教室を実験的に開催した。行政の広報誌などを通じて生徒を募ったところ、何人かの生徒が集まった。

彼らを相手にレッスンをおこなったところ、いくつかのことが見えてきた。まずわかったのは「英語教育」マーケットのニーズの捉え方である。英会話教室ではないとのメッセージを送ったつもりだったが、やはり多くの生徒は「英会話」のレッスンを望んでいた。これは想定内ではあったが、問題はそれ以外のニーズがなかなか見えてこなかったことである。こちらとしては、それぞれの生徒のニーズに応じてプログラムを組み立てようと思っていたのだが、実際にはそうしたニーズを生徒からうまく引き出すことができなかった。

考えてみれば、これは当たり前である。初心者のうちは自分が何を望んでいるのかはわからないのが普通なのだ。したがって、レッスンを受ける生徒の側ではなくレッスンを提供する私たちの側が、レッスンの目的や内容をまず明確かつ具体的に提示することが必要であった。

特にON&COMPANYのレッスンの場合には、ここまでに述べてきたような独自の特徴を、まず懇切丁寧に説明しておく必要があった。それをしなかったために、生徒が混乱したというわけだ。

次に、事前の詳細なテキストづくりと綿密なレッスンプログラムづくりがいかに大切なのかがよくわかった。私は何十年も英語教育関連の仕事をしてきたので、レッスンでのその場その場での対応は、ほぼ何でも可能である。何を訊ねられても困ることはないし、生徒の個別ニーズに合わせた対応にも自信がある。

だがそうした臨機応変のレッスンは、じつはそれほど効率的ではないことがよくわかった。やはり高校での授業のように、まず詳細な授業計画を事前につくっておいて、それに臨機応変の解説やトレーニングを加えていくというかたちをとることがベストであると痛感した。

そのためには、カリキュラム、テキスト、エクササイズ、評価体系、アフターフォローシステムなどを、すべて事前につくって用意をしておかなければならない。

ただ、すでに述べたようにON&COMPANYのレッスンは従来の英語教育を根底からひっくり返すものであるから、当然ながらカリキュラム、テキスト、エクササイズ、評価体系などの前例はまったく何もない。すべてを自前でゼロから用意しておかなければならない。このことの重要性が、実際のレッスンを通じて身に染みてわかった。

最後に、ON&COMPANYのグローバル英語レッスンの使命と理念に共鳴してくれる人は（多くはないだろうが）決してゼロではないということがわかった。何人かの生徒さんは、私のつたない説明を一生懸命に聞こうとしてくれていた。もっとわかりやすいかたちで目標をきちんと説明して、綿密に組み立てられたカリキュラムのもとにレッスンをおこなえば、私たちの使命と理念が生徒に明確に伝わり、それが日本の英語教育のパラダイム・シフトの第一歩となるであろうことを、私は確信できた。やれば、できる。このことは今後の私たちの活動にとって大いなる励みとなるものである。

ふたたび、現場へ

一年近くの試行錯誤を経て、小笠原と私は最初のビジネスターゲットとして、個人向け英語レッスンではなく、企業・組織向けのグローバル英語研修ビジネスを選択した。理由は次のとおりだ。

◇個々人の「英語」に対するニーズはあまりにも多種多様であって、ON&COMPANYのような小さな組織が最初の段階でそのニーズを取捨選択して扱うことは難しい。

◇それに対して企業・組織の「英語」ニーズは「仕事」という切り口でまとめることができる。また小笠原、成瀬ともにビジネスマンとしての経験があることから企業・組織のニーズをくみ取りやすい。さらに「仕事」の英語は文化的な価値ではなく実務的なコミュニケーション価値を重視することからグローバル英語との相性が非常に良い。
◇マーケティングの観点からみても、個々人へのアプローチが非常に困難なのに対して、企業・組織は比較的アプローチの手段が多い。また企業・組織はスタッフが入れ替わることから継続的なサービス提供が期待できる。

まだ遠い将来の話であるが、もし企業・組織向けのグローバル英語研修ビジネスが軌道に乗れば、そのときこそ私は社会人向けのグローバル英語教育を手掛けたいと思っている。そして最終的には若い人たち（中学生を含む）を対象とするグローバル英語の教室を展開したいと夢見ている。

遠い将来の話はさておいて目先の話をすれば、まずしなければならないのは企業・組織向けのグローバル英語研修のためのカリキュラム、テキスト、エクササイズ、評価体系、アフターフォローシステムなどの作成である。お手本はどこにもないので、すべてゼロからつくりあげることになる。

翻訳に関しては「心の翻訳」「心の英文法」「心の日本語文法」をベースとするプロ翻訳者養成のためのカリキュラム、テキスト、エクササイズ、評価体系などをすでに開発済みである。それを利用してのプロ翻訳者育成の実績も相当にある。

しかしそれらはすべて「英語プロ仕様」であるから、企業・組織向けのグローバル英語研修のカリキュラム、テキスト、エクササイズ、評価体系づくりの参考になってもそのまま使うことはできない。やはり、すべてゼロから手作りをするしかない。この本の原稿を書き終わったら、すぐにその作業に着手するつもりである。

私の夢は、多くの日本人が第一言語である日本語と「第二言語としてのグローバル英語」（ＧＥＳＬ）のバイリンガルになるための社会基盤を構築することである。

その活動は、「第二言語としてのグローバル英語」（ＧＥＳＬ）の学習理論と方法を開発し、それを具体的な教育現場で実践してその意義と有効性を証明しつつ、日本の社会にＧＥＳＬの理念と教育を定着させていくことである。

日本の英語教育はどうあるべきかという「英語教育論争」は明治のはじめから途切れることなくおこなわれてきている。だがこれまでの英語教育論争のなかで「日本人が学ぶべきはネイティブ英語なのか、それとも第二言語としてのグローバル英語なのか」という論争がなされたことはかつて一度もなかったことを指摘しておきたい。

エピローグ

「道に迷ってばかり」の人生だって悪くない

私の人生のここまでを振り返ってみると、まさに迷走に次ぐ迷走だった。山登りに例えれば、山中で右往左往したあげく崖から落っこちて傷だらけになっては這い上る、といったところか。あまり人にお勧めできる生き方ではないが、これはこれで仕方がないし、悪い生き方ではなかったと自分では思っている。いろいろとあったが（ありすぎたが）、少なくとも山登りをやめようと思ったことは一度もない。一歩ずつでもいいから前に進みたいといつも思っていた。

おそらくそのように生れついたのだろう。人にはそれぞれに天から与えられた器（うつわ）というものがあって、その天命のなかで、それぞれができるかぎりのことをすればよいのだと思う。

私が登ろうと決めた山はまだ誰も登ったことのない山だったから、自分で登山ルートを切り拓くしかなかった。ただこれは私の性分に合っていたので、迷走を繰り返しながらも四十年以上も続けられてきたのだと思う。おそらくこれからも同じように試行錯誤を繰り返しながら、山登りを続けていくことになるだろう。

「ゆっくり」でいい

若い時は、山中で方向を見失ったあげく、がむしゃらに前に進もうとして、さらに方向を見失うということの繰り返しだった。そのうちに山を登るには急いではいけないことが少しずつわかってきた。山は逃げない。いつもそこにあるのだから自分のペースで一歩ずつ進んでいけばよいのだ。そのことがわかると気持ちが楽になった。

英語の勉強も同じである。あせらずに自分のペースで少しずつ前に進んでいけばいい。一年や二年で英語が習得できるなどということはない。だが一歩ずつ前に進んでいれば、必ず見晴らしのよい場所にたどり着く。それは本当に気分のよいものである。

夢を見続けることが生きること

これまでは夢ばかり追いかける自分の性格があまり好きではなかったが、年を重ねるにつれて、これはこれでよいのではないかと思えるようになってきた。

人間ができていないので、この年になっても本物になりたい、他人に認められたいといった我欲は消えない。だがそうした我欲に振り回されることは、ずいぶんと少なくなってきた。それよりも、夢を見続けていること自体が喜びとなっている。夢を見続けられることが人生を豊かにしてくれているようだ。そしてそれが「よく生きる」ことだと思っている。

ありきたりの感想だが、これまでの人生を振り返ってみると、じつに数多くの人々に支えられてきたことがよくわかる。私は幸運だったと思う。なかでも人生のパートナーである妻の朝恵の存在なくしていまの自分はない。ただ感謝あるのみである。

私はいま六十四歳である。英語の世界に入ろうと決めた二十歳の頃といまの自分が何も変わっていないことに驚かざるを得ない。若い時には六十歳を越えた人はみな人生の達人なのだろうと思っていたが、どうやらそうではないようだ。

人生百年というからには、六十代は働き盛りである。これからの十年、二十年が勝負だと思っている。夢のような話と思われるかもしれないが、百年後、二百年後にも残る仕事を、わが「相棒」の小笠原恒夫とともにしていきたいと考えている。

おわりに

いつかは本を出したいとずっと願っていましたが、こんなかたちで自分の本がはじめて出版されるとは思いもしませんでした。もとはといえば、アートデイズの代表取締役兼編集長である宮島正洋氏の奥様である宮島佳代子さんが私の早朝英語教室に生徒として参加されたのが、すべてのはじまりでした。

佳代子さんに勧められて、ON&COMPANY代表である小笠原恒夫とともに宮島編集長にお会いをして、その後はプロローグに述べたような経緯から、この本の出版にいたりました。

佳代子さんと私とは同年代です。雑談で大学生の頃の話になったとき、私があまりにも当時の世事に疎いので、佳代子さんからは「先生、学生のときに、いったい何やってたんですか?」などとあきれられてしまいました。佳代子さん、じつはこんなことをやっていたんですよ。

小笠原と二人ではじめたON&COMPANYですが、これからはたくさんのCOMPANY(仲間)とともに、「日本人の第二言語としてのグローバル英語」の普及に努めていけたら、と考えています。小笠原の言葉を借りれば、「オモロイことを、みんなでやろう！」です。私たちのミッションにご興味のある方がいらっしゃれば、ぜひご連絡をいただければと思います。私たちとともに、夢を見続けてみませんか。

二〇一九（令和元）年 七夕の日に

成瀬由紀雄

成瀬由紀雄（なるせ・ゆきお）
サイマル・アカデミー講師、フリー翻訳者（専門は経済金融）、翻訳と日英両語を通じての人間と日本の研究者。1955（昭和30）年生まれ。大阪府出身。早稲田大学政治経済学部（経済学科）及び第一文学部（仏文専攻）卒業。三井物産株式会社勤務、都立高校英語教諭、英文編集者、翻訳会社経営を経て、2002（平成14）年からはサイマル・アカデミーのプロ産業翻訳者（英日）養成コースの講師を務めている。言葉と言葉ではなく心と心をつなぐ翻訳の理論と手法を長年にわたって研究しており、独自の「心の翻訳」モデルをつくりあげた。また「ネイティブ英語」ではなく、「日本人の第二言語としてのグローバル英語」の学習を提唱し、その発展と普及に取り組んでいる。

ON & Company合同会社　www.shiawase-eigo.tokyo

私の英語放浪人生

二〇一九年八月二十日　初版第一刷発行

著　者　成瀬由紀雄
装　丁　横山　恵
発行者　宮島正洋
発行所　株式会社アートデイズ
〒160-0007　東京都新宿区荒木町13—5
四谷テアールビル2F
電　話（〇三）三三五三—二二九八
FAX（〇三）三三五三—五八八七
http://www.artdays.co.jp
印刷所　中央精版印刷株式会社

全国書店にて好評発売中!!

新武器としてのことば

——日本の「言語戦略」を考える

鈴木孝夫
慶応義塾大学名誉教授

新潮選書のベストセラー『武器としてのことば』を全面改訂し、新編を刊行！ 言語社会学の第一人者が今こそ注目すべき提言!!

最近では国を挙げて取り組んだ国連常任理事国入りの大失敗。重要な国際問題に直面するたびに、官民の予測や期待が大外れするのはなぜなのか?大事な情報が入りにくく、情報発信力に決定的に欠ける「情報鎖国」状態の日本は、対外情報活動に構造的欠陥があるといわれている。著者はその理由を言語の側面から解き明かし、国家として言語情報戦略を早急に確立すべきと訴える。

本体1600円＋税　発行 アートデイズ

※書店または直接小社へお申し込み下さい

鈴木孝夫（すずき・たかお）
1926年、東京生まれ。47年、慶応義塾大学文学部英文科卒業。専門は言語社会学、外国語教育。同大言語文化研究所でアラビア学の世界的権威の井筒俊彦門下となり、イスラーム圏の言語・文化も研究フィールドとなる。イリノイ大学、エール大学客員教授、などを務める。著書にベストセラーとなった『ことばと文化』（岩波新書）、『閉された言語・日本語の世界』『日本人はなぜ日本を愛せないのか』（以上、新潮選書）など多数。岩波書店から『鈴木孝夫著作集 全八巻』が刊行されている。

撮影・南健二